孩子读得懂的
法律常识

满天星普法小组 著

民主与建设出版社
·北京·

图书在版编目（CIP）数据

孩子读得懂的法律常识 / 满天星普法小组编著 . --
北京 : 民主与建设出版社 , 2023.1
ISBN 978-7-5139-4091-7

Ⅰ . ①孩… Ⅱ . ①满… Ⅲ . ①法律 – 中国 – 少儿读物
Ⅳ . ① D920.5

中国国家版本馆 CIP 数据核字（2023）第 014775 号

孩子读得懂的法律常识
HAIZI DU DE DONG DE FALü CHANGSHI

编　　著	满天星普法小组
责任编辑	吴优优　金　弦
封面设计	尛　玖
出版发行	民主与建设出版社有限责任公司
电　　话	（010）59417747　59419778
社　　址	北京市海淀区西三环中路 10 号望海楼 E 座 7 层
邮　　编	100142
印　　刷	唐山市铭诚印刷有限公司
版　　次	2023 年 1 月第 1 版
印　　次	2023 年 3 月第 1 次印刷
开　　本	880mm×1230mm　1/32
印　　张	6
字　　数	100 千字
书　　号	ISBN 978-7-5139-4091-7
定　　价	42.00 元

注：如有印、装质量问题，请与出版社联系。

前言

每次路过学校的法律援助中心，看到同学们用自己所学的法律知识为寻求法律援助的人答疑解惑时，我们都非常羡慕这些能用自己所学的专业知识帮助他人的同学。我们也时常思索：尚在校园中学习的我们能以何种方式把冰冷的法条转化成生动的语言，帮助正在或可能受到不法行为侵害的人。

大二的暑假，我们在律所实习期间，参与了一个青少年维权项目的调研，通过与当地的律师、学校的法治校长和教师以及相关案件的审判法官交流，深入了解了未成年人权益受侵害的现状，我们深切感受到孩子在幼年时就接受法制教育的重要性。

在本书中，我们努力用孩子们看得懂的语言，精心设计一个个生动且与生活密切相关的案例，让孩子们懂得在生活中哪些行为是法律允许做的，哪些行为是法律禁止做的，一旦自己的权益受到侵害，应该用什么样的方式维护自己的正当权益。

我们希望通过本书，帮助孩子们从小养成学法、知法、守法、用法的习惯，使孩子们既能拥有法律意识和规则意识，抵制不良诱惑，也能在自己的权利受到侵害时让法律成为自己的底气和武器，勇敢地用法律保护自己。最后，我们还希望本书可以激发孩子们学习法律的热忱，并让法律的种子在孩子们的心中萌芽。

本书编写组

目录

第一部分

家居生活有“法”宝

- 一则寻猫启事 / 002
- 可以自己改名字吗 / 006
- 家里突然停电了 / 011
- 小区里消失的小广场 / 016
- 胎儿也有继承权吗 / 021
- 被流浪狗咬伤找谁赔 / 025
- 超出能力的大额消费 / 029
- 高空抛物砸伤人 / 033
- 被遗忘的安全带 / 038
- 一个人也不害怕 / 042
- 吃霸王餐的后果 / 047

第二部分

上学放学守法规

- 超载的校车 / 054
- 十六岁以下能驾驶摩托车吗 / 058
- 捡到钱可以归为己有吗 / 062
- 路遇老人摔倒扶不扶 / 066
- 识别赌博，远离赌博 / 070
- 被跟踪的晴晴 / 074

第三部分

文明校园需法治

- 学校的足球不能拿回家 / 080
- 丢失的橡皮 / 084
- 一句坏话引发的谣传 / 090
- 校园里的“保护费” / 095
- 还款有期限 / 100
- 会画画的菲菲 / 104

第四部分

旅游出行靠法商

- 错过乘车时间 / 110
- 列车上的座位之争 / 114
- “到此一游”不可取 / 119
- “咬脚”的扶梯 / 123
- 危险的充气城堡 / 127
- 游客景区落水谁担责 / 131
- 凭什么强制消费 / 135

第五部分

网络生活依法律

被泄露的个人信息 / 142

被“盗名”的文章 / 147

没有约束的微信群 / 152

转发不良图片的后果 / 158

被丑化的英雄 / 162

朋友圈卖的美瞳 / 165

网络游戏上瘾 / 169

“天价”网贷 / 173

弹窗广告称“可赚钱” / 177

打赏主播的巨款 / 180

第一部分

家居生活有“法”宝

一则寻猫启事

明明和朋友们约好了一起去公园放风筝。今天的天气太好了，风和日丽，明明早早就出门了。他脚步轻快地走在小路上时，突然，他的耳边传来“喵——喵——”的叫声。明明发现，原来是身后跟了一只橘猫，看起来特别乖巧可爱。明明怕吓着它，就蹲下来朝它友好地笑了一笑。等他站起来继续向公园走的时候，小橘猫仍然紧紧地跟着他，不肯离去。

明明看它脖子上还戴着蝴蝶结装饰的项圈，心想：应该不是野猫，只是饿了吧。明明不敢直接将它带走，担心它只是一时走失，它的主人很可能在焦急地寻找它。他不知该拿它怎么办，只好继续向前走。

走着走着，贴在墙上的一则寻猫启事吸引了他的注意力，因为启事中猫的照片看起来和跟在他身后的猫一模一样：橘猫！红色蝴蝶结！寻猫启事上写着大大的几个字：酬金 2000 元。明明心想：这可是一笔不小的数目啊！这家主人一定很疼爱这只猫咪。

明明赶紧拨通启事上的电话号码，联系猫咪的主人来接它回家。他心里计划着这笔酬金要用来干什么，心情很愉悦。

猫咪的主人很快就赶到了，他抚摸着猫咪的额头，抱起猫咪后转身就离开了。明明呆立在原地，有些疑惑：寻猫启事上不是说有 2000 元的酬金吗？为什么猫的主人没有给？寻猫启事中所说的“重金酬谢”这一承诺可以不用履行吗？还是说因为自己是小孩子，猫的主人就忽略了这件事儿？

·相关法规·

《中华人民共和国民法典》

第三百一十七条 权利人领取遗失物时，应当向拾得人或者有关部门支付保管遗失物等支出的必要费用。

权利人悬赏寻找遗失物的，领取遗失物时应当按照承诺履行义务。

拾得人侵占遗失物的，无权请求保管遗失物等支出的费用，也无权请求权利人按照承诺履行义务。

第四百九十九条 悬赏人以公开方式声明对完成特定行为的人支付报酬的，完成该行为的人可以请求其支付。

结合法条做分析

“信守承诺，说到做到”，这不仅是社会提倡的道德准则，更是法律维护的诚信原则。根据法律规定，发布悬赏的人对完成悬赏广告中要求的行为的人负有给付报酬的义务，行为人完成指定行为时对悬赏人有报酬请求权。除此之外，发布悬赏广告的人还应当支付保管人必要的支出与费用。明明发现小橘猫并将其还给主人，完成了悬赏广告中要求的行为，悬赏人应当将事先约定的 2000 元报酬给明明。悬赏人不信守承诺，没有按约定支付酬金，明明可以通过诉讼的方式要求其支付酬金。

做知法守法的小公民

当我们看到失物悬赏广告，并成功帮失主找到失物时，我们就有权获得悬赏广告中明文标示的酬金，这是我们应得的。同样，当我们有重要物品丢失时，也可以张贴悬赏广告，但我们在设置酬金时一定要量力而行，失物被归还后要及时给付酬金，要做一个诚信的人。

可以自己改名字吗

二年级二班有个叫斌彧的同学。他一直都有个困扰：名字太难写了。

每当有新认识的小朋友问他叫什么名字的时候，他总是不厌其烦地说："斌彧，左边文右边武的斌，或字多了两撇的彧。"这时候对方往往睁大眼睛，然后问："那是什么字呀？我不认识呀。"斌彧只好拿出纸和笔，写给对方看。

其实，斌彧在刚学写自己的名字时也总写不对。直到现在，每次写练习卷的时候，别人都已经开始做题了，他还在一笔一画地写着名字。

一天，妈妈下班回来后，他实在忍不住问道："妈妈，我可不可以改名字呀？"他把头低下，很担心妈妈会教训他，说他不懂事。结果妈妈笑着说："当然可以啊！但是你还是小朋友，需要爸爸或妈妈带着你一起去改。"

听到妈妈这么说，他开心极了：“那我可以自己想改成什么名字就改成什么名字吗？等我想好了后，我们就去改好不好？”

“当然可以啦，但是你可要好好想，那可是你自己的名字，要陪你一辈子的，一定要慎重。你可以和爸爸妈妈一起商量。”

从那之后，他常常在想：究竟把名字改成什么好呢？

·相关法规·

《中华人民共和国民法典》

第一千零一十二条　自然人享有姓名权，有权依法决定、使用、变更或者许可他人使用自己的姓名，但是不得违背公序良俗。

第一千零一十五条　自然人应当随父姓或者母姓，但是有下列情形之一的，可以在父姓和母姓之外选取姓氏：

（一）选取其他直系长辈血亲的姓氏；

（二）因由法定扶养人以外的人扶养而选取扶养人姓氏；

（三）有不违背公序良俗的其他正当理由。

少数民族自然人的姓氏可以遵从本民族的文化传统和风俗习惯。

第一千零一十六条　自然人决定、变更姓名，或者法人、非法人组织决定、变更、转让名称的，应当依法向有关机关办理登记手续，但是法律另有规定的除外。

民事主体变更姓名、名称的，变更前实施的民事法律行为对其具有法律约束力。

《中华人民共和国户口登记条例》

第十八条 公民变更姓名，依照下列规定办理：

1. 未满十八周岁的人需要变更姓名的时候，由本人或者父母、收养人向户口登记机关申请变更登记；

2. 十八周岁以上的人需要变更姓名的时候，由本人向户口登记机关申请变更登记。

结合法条做分析

姓名权是法律赋予每一个公民的权利。具体来说，姓名权包括改名权、使用权和命名权。只要不违反法律的强制性规定和公序良俗，我们的姓名权是不受他人干涉的。姓名是我们每个人在日常生活中的“代号”，是识别身份的重要符号。我国法律具体规定了变更姓名的程序和规则，也对盗用、冒用他人姓名的不法行为做了规制，尽最大可能保证我们行使姓名权。根据《中华人民共和国户口登记条例》的规定，未满十八周岁的未成年人需要变更姓名的，需要由本人或者监护人向户口登记机关申请变更登记，由此可见，即使是未成年人，也对自己的名字拥有充分的处分权。

所以，斌彧有权更改自己的姓名，只要不违反公序良俗，并按照规定程序去相关机关办理就可以。不过，名字对每个人来说都是至关重要的，它往往寄托着亲人对孩子的美好祝福和殷切期盼，我们如果特别想更改自己的姓名，要事先和父母认真商量后再做决定。

做知法守法的小公民

虽然我们仍未成年，但也拥有更改自己姓名的权利。当我们觉得自己的名字过于生僻或寓意不佳时，可以在不违背公序良俗的前提下进行更改。但我们在更改姓名前应该深思熟虑，以慎重的态度郑重对待这件事儿，要与父母充分商量后，再由父母带领前去更改。我们既要学会自主，也要懂得听取合理建议。

家里突然停电了

暑假一个周六的晚上，关关邀请好朋友们来家里聚会。大家边看关关新买的故事书边聊天。他们聊得正开心时，突然想起最近在追的电视节目开播了，于是就一起围坐在电视机前聚精会神地看起来。

盛夏的天气很闷热。房间内的空调呼呼地吹着冷风，灯静静地亮着，卫生间里的洗衣机转动着，妈妈在厨房用烤箱为大家烤着蛋挞，爸爸在书房的电脑前工作着。

突然，灯灭了，电视机黑屏了，卫生间的洗衣机不转了，烤箱不工作了，爸爸的打字声也停了……

“停电了！”大家异口同声地说。

“没提前通知啊，怎么就停电了？”关关的妈妈看到手机微信群中邻居的发言，得知是整个小区突然停电了。关关的妈妈准备给物业打电话。

“糟了，我的文件都没来得及保存！”关关的爸爸既生气又无奈地喊了一句，然后去抽屉翻找蜡烛，却发现家里之前买的蜡烛已经用完了。

关关他们几个开始叽叽喳喳地说了起来：“为什么停电没有提前通知？这是意外停电吗？”

“唉，我们现在既看不了书，也看不了电视了。”其中一个小朋友说。

另一个小朋友说：“我想起来了，我妈妈说停电不提前通知是不对的！肯定要找物业呀，这是他们的责任。”

这时，关关的妈妈已经挂断了电话。她说：“物业说供电局临时检修线路，忘记提前通知我们小区的物业公司了。”

我们平时如果遇到这种没有提前接到通知突然被断电，生活和工作因此受到困扰、产生损失的情况，应该怎么办呢？

·相关法规·

《中华人民共和国民法典》

第六百五十一条 供电人应当按照国家规定的供电质量标准和约定安全供电。供电人未按照国家规定的供电质量标准和约定安全供电，造成用电人损失的，应当承担赔偿责任。

第六百五十二条 供电人因供电设施计划检修、临时检修、依法限电或者用电人违法用电等原因，需要中断供电时，应当按照国家有关规定事先通知用电人；未事先通知用电人中断供电，造成用电人损失的，应当承担赔偿责任。

《中华人民共和国电力法》

第二十九条 供电企业在发电、供电系统正常的情况下，应当连续向用户供电，不得中断。因供电设施检修、依法限电或者用户违法用电等原因，需要中断供电时，供电企业应当按照国家有关规定事先通知用户。

用户对供电企业中断供电有异议的，可以向电力管理部门投诉；受理投诉的电力管理部门应当依法处理。

结合法条做分析

临时停电不仅会给我们的生活带来不便，有时还可能给用电人造成一定的经济损失。

我国法律规定，供电部门停电是被允许的。但在停电之前（一般是提前七天）必须履行通知义务或者公告义务，否则如果因为计划检修、临时检修、依法限电或者用电人违法用电等原因，需要中断供电而未提前通知用电人，造成用电人损失的，由相关部门承担赔偿责任。除此之外，我们在现实生活中有时会遇到因雷击、暴雨等不良天气状况造成的停电情况，像这种因为自然灾害等不可抗力而非人为原因造成的停电，供电方负有及时抢修的责任和义务。如果因为怠于履行义务而造成用电人损失的，需进行赔偿。

法律维护供电人与用电人之间权益的平衡，既保护用电人的利益，也不苛求供电人承担因自然灾害而引发的责任。

故事中关关一家遇到没有事先接到通知突然停电的情况，并且未遭遇极端天气或自然灾害，在这种情况下，如果造成损失的话，可以找当地的供电部门，请求赔偿相应损失。如果供电部门拒绝赔偿，可以向法院提起诉讼。

做知法守法的小公民

当家中突然停电时，我们一定不要慌张，首先要确认只是自家停电还是小区大范围停电。如果只是自家停电，可以让父母或专业人员进行检查；如果是大范围停电，可以给物业公司或者供电服务热线致电，询问具体情况。

如果是因为物业公司工作疏忽，未提前通知停电时间或通知不到位，我们可以在事后对因断电而造成的损失进行判断，并向物业公司请求相应的赔偿。

要提醒大家的是，我们一定不要在停电后随意触摸电源或插座，以免突然恢复供电对自己造成伤害。正确的做法是及时关闭处于开启状态的家用电器，耐心等待来电。

小区里消失的小广场

婷婷家在一个比较老旧的居民小区里，车位很少，停车非常不方便。但婷婷很喜欢这里，她觉得小区虽然小，但是很温馨。她最喜欢的就是位于小区中心的小广场，广场周围有一圈枝繁叶茂的大树，树下有一些长椅，常常有带着小朋友的阿姨们坐在长椅上休息、聊天。广场上还有一些健身器材，许多人都会去那里运动。小广场的存在使小区既温馨又充满活力。婷婷常和同学相约在小广场打羽毛球。

一天下午，婷婷和妈妈一起外出，经过小广场时，婷婷发现小广场周围的树倒在地上，一台小型挖掘机停在那里，一个叔叔指着小广场正中心，正在对另一个头戴安全帽的叔叔说着什么。

婷婷问妈妈："妈妈，小广场是要消失了吗？这是怎么回事儿？”

妈妈说：“小广场要改造，以后这里要变成一个停车场了。”

“什么？！把小广场改成停车场？我不同意！我喜欢小广场！”婷婷有些焦急地说，“我们赶快阻止他们！”

“婷婷，作为业主，我们虽然有阻止改造小广场的权利，但是只有一两个人是留不住它的。改造工程是很多业主共同做出的决定。”妈妈摸了摸婷婷的头，轻声说道。

想到亲爱的小广场就要消失了，婷婷心里十分难过。

·相关法规·

《中华人民共和国民法典》

第二百七十四条 建筑区划内的道路，属于业主共有，但是属于城镇公共道路的除外。建筑区划内的绿地，属于业主共有，但是属于城镇公共绿地或者明示属于个人的除外。建筑区划内的其他公共场所、公用设施和物业服务用房，属于业主共有。

第二百七十八条 下列事项由业主共同决定：

（一）制定和修改业主大会议事规则；

（二）制定和修改管理规约；

（三）选举业主委员会或者更换业主委员会成员；

（四）选聘和解聘物业服务企业或者其他管理人；

（五）使用建筑物及其附属设施的维修资金；

（六）筹集建筑物及其附属设施的维修资金；

（七）改建、重建建筑物及其附属设施；

（八）改变共有部分的用途或者利用共有部分从事经营活动；

（九）有关共有和共同管理权利的其他重大事项。

业主共同决定事项，应当由专有部分面积占比三分之二以上的业主且人数占比三分之二以上的业主参与表决。决定前款第六项至第八项规定的事项，应当经参与表决专有部分面积四分之三以上的业主且参与表决人数四分之三以上的业主同意。决定前款其他事项，应当经参与表决专有部分面积过半数的业主且参与表决人数过半数的业主同意。

结合法条做分析

为了维护小区内业主的权利，法律明确规定了建筑区划内的绿地及其他公共场所的使用和改造问题。建筑区划内的道路、绿地、其他公共场所、公用设施和物业服务用房都属于全体业主所有。如果想要对其进行利用或者改造，需要业主共同决定。法律规定：涉及筹集建筑物及其附属设施的维修资金，改建、重建建筑物及其附属设施，改变共有部分的用途或者利用共有部分从事经营活动的问题，应当经参与表决专有部分面积四分之三以上的业主且参与表决人数四分之三以上的业主同意。

在这个故事里，小广场属于小区的公共部分，归小区全体业主所有。小广场改建为停车场，必须征得业主同意。婷婷家所在的小区在改造之前，应该先征得业主的意见，如果物业私自改造，业主委员会可以反对。

做知法守法的小公民

我们如果发现小区里的公共用地被个别人无理由占用，并侵害了我们的自由活动空间时，我们可以先将问题反映至业主委员会，查明是否经由超过三分之二的业主同意，如果未经合法人数的业主同意，则由业主委员会与物业进行协商。如果协商无果，必要时可以诉诸法院，用法律的武器维护业主的权益。

胎儿也有继承权吗

最近雯雯的表婶家被一种悲伤并且奇怪的气氛笼罩着，就像有一团黑压压的云使劲压着家里的人们，让人喘不过气来。起因是这样的：雯雯的表婶怀孕了，再过两个月就要生宝宝了。但是天有不测风云，表叔开车时被一辆飞速行驶的汽车追尾并被撞伤，因失血过多而去世了。

这件事发生得太突然，舅奶奶哭成了泪人儿，表婶昏倒在医院。

表婶抵抗住压力和悲伤，生下了一个健康的小妹妹，舅奶奶被巨大的意外和悲伤所打击，对儿媳妇和孙女没有丝毫同情，关注的却是儿子留下的财产不能被表婶拿去分毫。

雯雯听大人们谈论这个事情，很担心小妹妹：从出生就失去了爸爸，如果表婶不能继承遗产，小妹妹的成长就要受影响了。

吃饭时雯雯和妈妈聊起这件事儿，妈妈对雯雯说：“胎儿也有继承权，你舅奶奶这样做是不对的。你表婶已经平安生下小妹妹了，她既是你表叔的妻子，也是孩子的母亲，你表婶和小妹妹都有财产继承权，这是她应得的。”

·相关法规·

《中华人民共和国民法典》

第十六条 涉及遗产继承、接受赠与等胎儿利益保护的，胎儿视为具有民事权利能力。但是，胎儿娩出时为死体的，其民事权利能力自始不存在。

第一千一百五十五条 遗产分割时，应当保留胎儿的继承份额。胎儿娩出时是死体的，保留的份额按照法定继承办理。

结合法条做分析

为了保证胎儿出生后的合法利益，为其提供生活保障，我国法律规定，进行遗产分割时应当保留胎儿的继承份额。当胎儿出生时是活体时，其继承权可正常实现；当胎儿出生时是死体的，其不具备继承的主体资格，为其保留的遗产份额应按法定继承处理。这也就是说，胎儿出生时哪怕只存活了一分钟就死亡，其也具有民事权利能力，依法获得继承权，其死亡后，对应的继承份额由胎儿的继承人继承。

在这个故事里，雯雯的表叔车祸事发突然，表婶生下了健康的小妹妹，在没有遗嘱的情况下，适用于法定继承的规则，小妹妹作为表叔的子女合法获得第一继承人的资格，对于其父亲的遗产是有继承权的。所以，雯雯的舅奶奶的做法是不正确的，她不能剥夺雯雯的表婶和小妹妹的继承资格。

做知法守法的小公民

当我们还在母亲肚子里的时候，就已经是鲜活的生命了，我们的身体每天都在长大，也就拥有了有关财产的一定的继承份额，这是自然且合法的事。当然，尚未出生的胎儿能否实际获得继承份额，还要视其出生后的情况而定。

被流浪狗咬伤找谁赔

在班会上，老师让同学们各自分享一段令自己印象深刻的经历。莫莫讲了某次和爸爸妈妈露营的经历，讲了夜晚的星空多摄人心魄，户外烧烤多么快乐。

然后，轮到可可讲了。她说：“在我七岁的时候，有天下午，我在小区玩耍时，一只小狗径直冲向我，死死地咬住我的腿不放，我当时特别害怕，想要摆脱它，然而它却咬得更使劲了，我的小腿被咬破了，流了很多血。爸爸妈妈赶紧带我去了医院，医生给伤口缝了针，还给我打了狂犬疫苗。这件事让我一直害怕小狗。”

听到这里，老师脸上露出担忧的神色，问道：“后来知道是谁家的狗了吗？”

可可说：“应该是一只流浪狗，它浑身脏兮兮的，看上去没人照顾它。”

听到这里，坐在后面的小松发问了："老师，可可被一只流浪狗咬伤了，还去打了针，应该找谁赔偿呢？她总不能找狗狗赔钱吧？"

"流浪狗咬伤人时，从法律角度来讲，应该让狗狗原来的主人赔钱。"老师耐心地说。

"可它已经成为流浪狗了，还找得到原来的主人吗？"小松继续问。

"谁喂它谁就应该对这件事负责。"爱看书的男生涛涛说。

“同学们，被流浪狗咬伤找人赔偿是一件比较困难的事儿，具体要怎么办，法律给了我们明确的说法。”听到老师说的这句话，大家就不那么担心了。

·相关法规·

《中华人民共和国民法典》

第一千二百四十九条 遗弃、逃逸的动物在遗弃、逃逸期间造成他人损害的，由动物原饲养人或者管理人承担侵权责任。

第一千二百五十条 因第三人的过错致使动物造成他人损害的，被侵权人可以向动物饲养人或者管理人请求赔偿，也可以向第三人请求赔偿。动物饲养人或者管理人赔偿后，有权向第三人追偿。

结合法条做分析

在日常生活中，宠物或流浪动物伤人的情况时有发生，为了更好地维护我们的人身权益，法律对于动物造成他人损害的归责原则有明确的规定。如果是饲养的动物致人损害，由动物饲养人或者管理人承担相应的责任；如果是被遗弃的流浪动物致人损害，后果由原主人承担。

这个故事中，可可被流浪狗咬伤，理论上讲应当由流浪狗的原主人或管理人承担责任，但是被遗弃的流浪狗，事实上很难找到原主人。在找不到原主人的情况下，应当由长期持续喂流浪狗的人承担相应的责任，因为如果有人长期给流浪动物提供食物，使其能够活动并居留，就在事实上形成了特殊的收养关系，在流浪动物侵害他人的事件中，该人需要承担损害赔偿责任。

做知法守法的小公民

我们一旦被难以找到主人的流浪动物咬伤，可以想办法找到它的特殊收养人，依照法律规定，勇敢地维护自己合法的健康权。如果我们自己养了小动物，带它外出时一定要用牵引绳，并看管好它，这不仅是对其他人的安全负责，也是对自己负责。

超出能力的大额消费

小晗的姑姑带着小晗的表妹来到家里，她们已经计划好今天一起去公园野餐。

姑姑和小晗的妈妈一起备餐、洗水果。表妹来到小晗身边，对她说：“表姐，走，陪我去买个东西。”

到了地方小晗才知道，表妹要花五千块钱买一部手机。小晗疑惑：才十岁的表妹怎么会有那么多钱？

表妹好像知道小晗心里在想什么，对她说：“这五千多块钱是我的压岁钱，我一直攒着，就是想买一部手机。”

卖手机的阿姨问道：“小姑娘，你爸爸妈妈知道你来买手机吗？”

表妹漫不经心地回答：“知道知道。”

小晗侧头看了一眼表妹，不知道她说的是真是假。

那阿姨紧接着就把手机卖给了表妹，并帮表妹把手机激活了。表妹拿到手机后很激动，拿在手里玩儿了很久。

回家的路上，表妹告诉小晗真实情况：“其实妈妈一直不同意我买手机，我这是先斩后奏，买了之后再告诉妈妈。”

她们回家之后，姑姑见到表妹手中的新手机，立刻明白了是怎么一回事儿。“你怎么能自己偷偷去买手机？这是你这个年龄的孩子能承担的消费吗？走！和我去把它退了！”姑姑竭力克制着她的怒火。

来到手机店，姑姑说：“我要把手机退了。”

可那个阿姨不肯：“手机都激活了，已经变成二手的了，再卖的话我就亏很多钱。除非您把亏的钱赔给我，我就退。”

姑姑继续说：“家长不在旁边，你怎么能卖给一个十岁小孩儿手机呢。五千块钱可不是个小数目。”

姑姑和卖手机的阿姨争执不休，谁都不肯退步。最后小晗的姑姑报警了。

警察来了会怎么解决这件事情呢？

·相关法规·

《中华人民共和国民法典》

第十九条 八周岁以上的未成年人为限制民事行为能力人，实施民事法律行为由其法定代理人代理或者经其法定代理人同意、追认；但是，可以独立实施纯获利益的民事法律行为或者与其年龄、智力相适应的民事法律行为。

第二十条 不满八周岁的未成年人为无民事行为能力人，由其法定代理人代理实施民事法律行为。

结合法条做分析

限制民事行为能力人是具有不完全行为能力的自然人，

也就是说，这一类未成年人实施的部分行为不受法律承认和保护，而需要其监护人同意和追认，只有部分与其年龄、智力相适应的行为是受到法律承认的，比如纯获益的接受赠与的行为或者是日常的小额消费行为，比如买文具。

故事中十岁的表妹在法律上属于限制民事行为能力人，她无法独立自主地实施大额消费行为，商家向她销售手机的价格超出了其购买能力以及法律规定的限度，她应该在消费之前征得其监护人也就是父母的同意，或者在消费之后得到监护人的追认。像故事中这种事先没有经过父母同意，事后没有得到父母追认的情况，商家应该退还她购买手机的费用，也就是说，这笔交易是无效的。

做知法守法的小公民

我们还是未成年人，要学会对自己的行为负责，消费要适当且合理，不能冲动进行大额消费。我们如果有大额消费的需求，比如购买手机、给游戏进行大额充值或者打赏主播等，一定要先询问父母的意见并征得他们的同意，千万不能擅作主张、擅自消费。我们要做一个理智的、不乱花父母辛苦挣来的钱的好孩子。

高空抛物砸伤人

关关家住在二楼，从窗户向外望去，映入眼帘的是成片的树冠。为了预防关关近视，爸爸将关关的书桌放在了窗边，这样，他学习时，往窗外一看就能看到绿树，让眼睛得到放松。

在窗边学习时，关关注意到，窗前有时会飘过从楼上被抛下来的一些东西，比如废弃的纸巾，用过的纸杯……这样的情况虽然只是偶尔出现，但每次一出现，关关都会想：废弃的纸巾比较轻，没什么分量，但如果从楼上特别高的地方抛下较重的物品，砸到人怎么办？在课堂上老师说过，原本对生命安全没有威胁的东西如果被从很高的高度抛下来，就很可能变成危害人生命的东西。

一个周末，关关坐在书桌前写作业，他抬头望向窗外时，看到一个形似玻璃瓶的东西从窗前滑过。但是，这次与以往不同，关关听到楼下有人发出了一声惨叫。关关心想：糟了，一定是玻璃瓶伤到人了。他从阳台向下望去，看见一个人倒在地上双手捂着脑袋，手上有鲜红的血。旁边有人着急地打着电话。

他连忙告诉爸爸妈妈这件事情。爸爸说："这应该是楼上高空抛物造成的，楼下随时有人经过，一个小小的玻璃瓶足以对人的生命造成巨大威胁，真的应该好好管管高空抛物了。"

妈妈说："我们应该从自己做起，绝对不要高空抛物，这是犯法的。"

关关听了爸爸妈妈的话，使劲点了点头，但是他还有好多疑惑，比如，刚刚躺在地上头被砸出血的人，谁该对他负责呢？他只是从楼下经过而已，却遭受了这样的意外，他的家人一定非常难过。如果总发生这样的事情，人们怎么能放心地走路呢？一旦遇到这样的问题，我们应该怎么办呢？

·相关法规·

《中华人民共和国民法典》

第一千二百五十四条　禁止从建筑物中抛掷物品。从建筑物中抛掷物品或者从建筑物上坠落的物品造成他人损害的，由侵权人依法承担侵权责任；经调查难以确定具体侵权人的，除能够证明自己不是侵权人的外，由可能加害的建筑物使用人给予补偿。可能加害的建筑物使用人补偿后，有权向侵权人追偿。

物业服务企业等建筑物管理人应当采取必要的安全保障措施防止前款规定情形的发生；未采取必要的安全保障措施的，应当依法承担未履行安全保障义务的侵权责任。

发生本条第一款规定的情形的，公安等机关应当依法及时调查，查清责任人。

《中华人民共和国刑法》

第二百九十一条之二　从建筑物或者其他高空抛掷物品，情节严重的，处一年以下有期徒刑、拘役或者管制，并处或者单处罚金。

结合法条做分析

在高空抛物案件中，最重要的是查清侵权责任人，即抛掷物品的人或造成物品坠落的人。正是因为现实生活中存在难以确定侵权责任人而致归责困难，受害者人身权益无法得到保障的情况，我国法律对处理高空抛物行为及案件做了特别规定：如果难以确定侵权人，那么除了这栋楼内的可以证明自己无法实施侵害行为的人之外，该栋楼可能实施侵害行为的人都需要承担相应的侵权责任。除此以外，物业服务公司如果没有尽到必要的义务，比如采取必要的安全保障等，也需要依法承担一定的侵权责任。

在上述的故事中，关关居住的楼下发生了高空抛物伤人事件，如果无法确定致人受伤的玻璃瓶是从哪一家扔下来的，那么关关所在的整栋楼的人都要承担一定的侵权责任。

做知法守法的小公民

如果我们住在楼房，一定要注意避免在窗外放花盆、玻璃瓶等有一定重量的物品，更不能有高空抛物的行为，以保护路人的人身安全。同时，我们在楼房旁行走时，也要注意楼上是否有坠落物品，要时刻警惕，使自己远离危险。

被遗忘的安全带

小松还小的时候，爸爸带着小松出门时，每次开车都会让小松坐在车里后排专门安置的儿童安全座椅上，爸爸每次也都会提醒坐在副驾驶座位上的妈妈系好安全带。

后来，小松一个人坐在后面常常觉得很无聊，仿佛和爸爸妈妈离得很远。他不止一次想要感受一下坐在副驾驶座位上的感觉。爸爸告诉小松：小孩子不可以坐副驾驶座，那样很危险。但小松不以为意。

小松的这个想法在听到一则新闻后彻底改变了。新闻通报一个十岁的小女孩在跟爸爸外出时，小女孩不仅坐在了副驾驶座上，还没系安全带。他们遇到了紧急情况，小女孩的爸爸突然猛地踩下刹车，由于惯性，小女孩的头直直地撞向车的前挡风玻璃，血流不止。

小松在内心设想了一下：要是他因为好奇坐在副驾驶

座上，而且也不系安全带，发生意外时他也没有办法避免。因为他还小，体重太轻，无法控制自己不被甩飞出去。想到这里，小松对坐在副驾驶座上的渴望消失了。但那之后，每次坐车看向副驾驶座时，小松总会产生一种莫名的恐惧感。

妈妈发现了他的异常，对他说："不要'一朝被蛇咬，十年怕井绳'，你只要在你的儿童安全座椅上安安分分地坐好，就会很安全。妈妈是成年人了，坐在副驾驶座时系好安全带也会很安全的。你要记住，你还小，不可以坐在副驾驶座上。"听了妈妈的话，小松安心了很多。

·相关法规·

《中华人民共和国道路交通安全法》

第五十一条 机动车行驶时，驾驶人、乘坐人员应当按规定使用安全带，摩托车驾驶人及乘坐人员应当按规定戴安全头盔。

结合法条做分析

法律规定，乘车时司机和乘客都应该按照规定使用安全带，而故事里新闻中提到的小女孩没系安全带。除此以外，虽然《中华人民共和国道路交通安全法》没有明确禁止儿童坐副驾驶的座位，但儿童乘车时如果坐在副驾驶的座位，一旦遇到意外或者发生交通事故时，伤亡的可能性会大大增加。并且大部分汽车在说明书上都会标明一点：十二周岁以下或身高一米四以下的儿童不宜坐在前排。因为副驾驶座位是最危险的位置，紧急刹车时，家长或驾驶员根本无力也无法及时给坐在副驾驶座位的儿童提供安全保护。

在故事中的新闻里，年仅十岁的小女孩不仅坐在副驾驶座位上，而且没有系安全带，结果遇到紧急情况时发生了严重的后果。我们一定要引以为戒，要遵守交规，注意保护自身的安全。

做知法守法的小公民

我们在和父母或他人驾车外出时，不要迷恋坐在副驾驶座位上开阔的视野，而要把安全放在首位，要坐在后排座位并系好安全带。如果我们年龄更小，就应该使用儿童安全座椅来保障我们的安全。同时，我们也不能在车里打闹，以免干扰父母或他人开车，要有良好的坐车习惯和安全意识。

一个人也不害怕

住在劲仔家隔壁的是一位妈妈和一个六岁的小女孩。小女孩从小就失去了爸爸，和妈妈相依为命，过着平淡且幸福的生活。周末的时候，劲仔常和小女孩一起玩耍，劲仔的妈妈也常常让小女孩来家里吃饭。

但是，天有不测风云。就在前一天晚上，小女孩的妈妈被一辆失控的大卡车夺去了生命。劲仔是在吃饭的时候听爸爸妈妈说起这件可怕的事的。妈妈叹息地说："以后邻居家的小女孩就是孤儿了。"

劲仔手中端着的碗突然掉落，他止不住地哭了起来，边哭边说："小妹妹以后一个人可怎么办啊？以后没人给她做饭，晚上没人陪她了……"他根本无法想象没有爸爸妈妈的日子要怎么过。那一定很可怕，会让人很绝望。

劲仔的爸爸语重心长地对他说："劲仔，小妹妹的确非常可怜，令人同情。但在我们国家，是不会允许孤儿没有依靠的。你放心，她很快就会得到帮助，以后也可以逐渐恢复到正常生活的。”

劲仔慢慢止住哭声，但心里还是非常难过：以后谁会帮助小妹妹呢？我要怎么帮助她呢？他在心里暗暗下决心：以后我一定要经常去找她玩儿，还要给她带好多礼物。

·相关法规·

《中华人民共和国民法典》

第二十七条 父母是未成年子女的监护人。

未成年人的父母已经死亡或者没有监护能力的，

由下列有监护能力的人按顺序担任监护人：

（一）祖父母、外祖父母；

（二）兄、姐；

（三）其他愿意担任监护人的个人或者组织，但是须经未成年人住所地的居民委员会、村民委员会或者民政部门同意。

第二十九条 被监护人的父母担任监护人的，可以通过遗嘱指定监护人。

第三十条 依法具有监护资格的人之间可以协议确定监护人。协议确定监护人应当尊重被监护人的真实意愿。

第三十一条 对监护人的确定有争议的，由被监护人住所地的居民委员会、村民委员会或者民政部门指定监护人，有关当事人对指定不服的，可以向人民法院申请指定监护人；有关当事人也可以直接向人民法院申请指定监护人。

居民委员会、村民委员会、民政部门或者人民法院应当尊重被监护人的真实意愿，按照最有利于被监护人的原则在依法具有监护资格的人中指定监护人。

依据本条第一款规定指定监护人前，被监护人的人身权利、财产权利以及其他合法权益处于无人保护状态的，由被监护人住所地的居民委员会、村民委员会、法律规定的有关组织或者民政部门担任临时监护人。

监护人被指定后，不得擅自变更；擅自变更的，不免除被指定的监护人的责任。

第三十二条 没有依法具有监护资格的人的，监护人由民政部门担任，也可以由具备履行监护职责条件的被监护人住所地的居民委员会、村民委员会担任。

结合法条做分析

故事中的小女孩在很小的时候失去了父亲，又在年幼时失去了母亲，她的身世非常令人痛心，令人同情。但是她的生活并非没有保障。我国向来重视未成年人的健康成长。根据我国法律规定，如果小女孩的父母在去世前曾经立有遗嘱，则按照遗嘱确定监护人，由该监护人抚养、照顾她；如果没有遗嘱，则按照法定继承的规则，在亲属中按顺序确定监护人；如果仍然没有合适的人选，还可由其他愿意担任监护人的个人或者组织来担任监护人，比如由其他符合条件的家庭收养或者由福利院养育，这些都需要相关部门的同意和批准。与此同时，为了更好地保护儿童的身心健康，如果监护人有严重损害未成年人身心健康的行为，法院可以撤销其监护权。

做知法守法的小公民

孤儿身世不幸，是社会上的弱势群体，如果我们遇见他们，一定要怀着友善的态度，不能抱有歧视。同时，国家和社会力量也在守护着他们，给他们带去温暖。我们要知道，尽管失去了家庭的庇护，孤儿们也并非无依无靠，法律会为他们的成长保驾护航。

吃霸王餐的后果

阳阳邻居家的大哥哥十分喜欢运动。阳阳早上上学时，总能看见大哥哥在小区里晨跑，周末还总能在小区的篮球场见到大哥哥打篮球。

但是最近几天，阳阳都没有见到这位大哥哥。一天，阳阳看到他的一条腿打上了石膏，行动十分不便。阳阳便上前问他发生了什么事情。但是他好像有什么难言之隐，支支吾吾的。

这天在吃晚饭时，阳阳的爸爸突然提到，邻居家的大哥哥前几天不小心出了车祸，右腿骨折。“不过呀，这也怨不了别人。他在一家餐厅吃‘霸王餐’，吃了饭不交钱，本想偷偷溜走，结果被餐厅老板发现了，老板出门急追。为了躲避老板的追赶，他急匆匆地跑着过马路，被来不及刹车的汽车撞了。”

妈妈有些愤慨地说道："阳阳，你可要记住，'霸王餐'可吃不得！"

"是啊，听说他还不依不饶地想让餐厅老板给他赔偿呢。阳阳啊，咱们可不能学邻居哥哥做这种既不道德又违法的事情呀！"爸爸也附和道。

"邻居家的大哥哥怎么能去吃'霸王餐'呢？邻居家的大哥哥该让餐厅老板赔偿他医药费吗？"阳阳想着邻居家大哥哥打着石膏的腿，陷入沉思……

·相关法规·

《中华人民共和国民法典》

第一千一百七十七条 合法权益受到侵害，情况紧迫且不能及时获得国家机关保护，不立即采取措施将使其合法权益受到难以弥补的损害的，受害人可以在保护自己合法权益的必要范围内采取扣留侵权人的财物等合理措施；但是，应当立即请求有关国家机关处理。

受害人采取的措施不当造成他人损害的，应当承担侵权责任。

《中华人民共和国治安管理处罚法》

第二十六条 有下列行为之一的，处五日以上十日以下拘留，可以并处五百元以下罚款；情节较重的，处十日以上十五日以下拘留，可以并处一千元以下罚款：

（一）结伙斗殴的；

（二）追逐、拦截他人的；

（三）强拿硬要或者任意损毁、占用公私财物的；

（四）其他寻衅滋事行为。

《中华人民共和国刑法》

第二百六十六条 【诈骗罪】诈骗公私财物，数额较大的，处三年以下有期徒刑、拘役或者管制，并处或者单处罚金；数额巨大或者有其他严重情节的，处三年以上十年以下有期徒刑，并处罚金；数额特别巨大或者有其他特别严重情节的，处十年以上有期徒刑或者无期徒刑，并处罚金或者没收财产。本法另有规定的，依照规定。

第二百九十三条 【寻衅滋事罪】有下列寻衅滋事行为之一，破坏社会秩序的，处五年以下有期徒刑、拘役或者管制：

（一）随意殴打他人，情节恶劣的；

（二）追逐、拦截、辱骂、恐吓他人，情节恶劣的；

（三）强拿硬要或者任意损毁、占用公私财物，情节严重的；

（四）在公共场所起哄闹事，造成公共场所秩序严重混乱的。

纠集他人多次实施前款行为，严重破坏社会秩序的，处五年以上十年以下有期徒刑，可以并处罚金。

结合法条做分析

在日常生活中发生像故事中提到的顾客吃“霸王餐”或买东西不交钱等情况时，尽管商家可以报警，但是一般来说报警显然有些来不及。《中华人民共和国民法典》规定，受害人可以在保护自己及合法权益的必要范围内采取合适的措施，也就是个人可以通过一些强制手段维护自己的权益。但是如果因采取不当措施而导致对方的利益受到损害的话，当事人需要就此承担相应的责任。

就餐后付款结账是大家知晓的社会常理。在这个故事里，邻居家的大哥哥在饭店就餐后没有买单就离开，明显属于吃“霸王餐”，是非常不诚信和不道德的行为。吃“霸王餐”扰乱了社会秩序，对饭店也造成了损失，邻居家的大哥哥应该把用餐费用支付给饭店老板。

吃“霸王餐”应该如何处罚要根据具体情节来判断，一般情况下属于行政违法行为，但是如果长期吃“霸王餐”，则可能会构成寻衅滋事罪。当事的饭店可以报警处理，要求公安机关立案侦查，追究行为人的刑事责任。

饭店老板为了保护自己的合法利益而进行追赶并没有不当之处。而邻居家的大哥哥在心虚逃跑过程中因为自身太紧张没有注意到红绿灯从而被撞伤属于因自身原因受伤，并不是饭店老板造成的，因此他让饭店老板赔偿自己的医药费属于无理取闹，饭店老板不应对其撞伤造成的损失承担赔偿责任。

做知法守法的小公民

无论如何，吃“霸王餐”的行为都是不文明、不道德的，同时这样的行为也触犯了相关的法律法规，损害了他人的合法权益，造成了不良的社会影响，当事人应当承担相应的法律责任或接受处罚。我们要谨记：做一个诚实守信的公民，坚决不做与故事中的大哥哥一样的行为。

第二部分

上学放学守法规

超载的校车

今天是周一，晓晨和小瑞一起在小区门口等校车。虽然，他们早就听说从今天开始校车的司机要换人了，但看到新的司机叔叔时，还是有些失落。之前那个司机叔叔对他们一直很亲切，而且开车特别稳。

上车后，晓晨和小瑞坐在了最后一排。他俩一直都喜欢坐在最后面，因为这样能看见全车人。坐在车上有些无聊，两人开始数车里的人数。车辆走走停停，学生渐渐坐满了整辆车。

可是数着数着，他们发现人数不太对，今天比平时多了五个人！有几张双人座椅上挤着坐了三个人。

晓晨有些担心，小声说：“怎么突然多出几个人？座位都不够。这太危险了，万一出现意外，谁负责啊？”

小瑞说：“电视新闻里说校车超载是违法的。我们是不是可以把这件事儿告诉老师？”

晓晨和小瑞小声交流着，就这么到了学校。

一到学校，晓晨和小瑞赶紧去找老师。晓晨说：“老师，我们发现了一件很重要的事儿。”

小瑞补充道：“我们发现今天校车超载了五个同学。”

老师说：“孩子们，你们发现这个情况后能够及时和老师沟通，太棒了！校车超载是违法的，这可是关系到大家生命安全的重要的事儿。以后如果再遇到这种情况，也一定要及时告诉老师。”

·相关法规·

《中华人民共和国刑法》

第一百三十三条之一 【危险驾驶罪】在道路上驾驶机动车，有下列情形之一的，处拘役，并处罚金：

……

（三）从事校车业务或者旅客运输，严重超过额定乘员载客，或者严重超过规定时速行驶的；

……

《中华人民共和国道路交通安全法》

第九十二条 公路客运车辆载客超过额定乘员的，处二百元以上五百元以下罚款；超过额定乘员百分之二十或者违反规定载货的，处五百元以上二千元以下罚款。

……

有前两款行为的，由公安机关交通管理部门扣留机动车至违法状态消除。

运输单位的车辆有本条第一款、第二款规定的情形，经处罚不改的，对直接负责的主管人员处二千元以上五千元以下罚款。

结合法条做分析

校车的安全问题关系到千家万户，一直是社会关注的焦点。校车超载对孩子们的安全造成很大威胁。校车作为接送孩子上下学的交通工具，一定要按照规定安全合理地行驶。《中华人民共和国刑法修正案（九）》对《中华人民共和国刑法》第一百三十三条进行了修改，使原本只受《中华人民共和国道路交通安全法》约束的校车超载的交通违法行为升级为犯罪行为。校车严重超载的话，校车司机不仅要被处罚金，还可能被判处拘役。这从立法上体现了国家对未成年人安全的重视。

故事里的晓晨和小瑞注意到校车超载的问题，并将情况及时地报告给老师，这是十分正确的做法，值得我们学习。

做知法守法的小公民

我们的安全不仅与我们自己有关，更是关系到家庭的幸福和安宁。我们对自己的安全要时刻牢记在心，保护好自己也是对父母最大的孝顺。校车超载会滋生很多的安全隐患。我们乘坐校车或其他不可超载的交通工具时如果发现有超载的情况，一定要及时向家长、老师或相关管理人员反映，避免对我们的人身安全造成伤害。

十六岁以下能驾驶摩托车吗

大劲和晓亭是小学四年级的同班同学，他俩商量好这周六一起在小区旁边的公园里骑自行车兜风。周六，大劲骑着自行车到了晓亭家，在楼下等晓亭。

跟着晓亭走过来的还有一个推着摩托车的大男孩，他是晓亭的表哥小宇。大劲总听晓亭讲小宇的事儿，知道小宇今年十五岁，是一名初二的学生。大劲看到小宇推着摩托车，心里觉得有些兴奋：难道今天要骑摩托车出门吗？自己之前从来没有坐过摩托车，更没有驾驶过摩托车，今天是不是能体验一次？

小宇自信地跨到摩托车上，紧握摩托车的把手，让晓亭坐在后面抱着他的腰，准备带着晓亭兜一圈儿。他让大劲先在原地等着，等会儿也带他一起兜风。摩托车飞快地扬长而去，只留下一阵风和逐渐消散的轰鸣声。

看着他们远去的背影，大劲却隐隐有些担忧：晓亭的表哥小宇看起来并不强壮，甚至让人觉得他有些控制不住这辆摩托车。

过了一会儿，他俩回来了，这次换大劲坐到小宇的摩托车后面。大劲紧紧抱着小宇的腰，车速很快，风吹到脸上很刺激。突然，路上一位交警挥手示意让他们停车。

小宇把摩托车停在路边，和大劲一起乖乖地站在车旁。交警面色严肃地问：“你们才多大啊？怎么就开始驾驶摩托车了？这在路上多危险啊！”

小宇想辩解什么，但不敢多说。交警得知小宇的年龄后，掏出手机，递给小宇：“十六岁以下驾驶摩托车是违

法的，何况你还载着一个小孩子，打电话把家长叫过来吧。”大劲和小宇互相望着对方，心里感到十分忐忑。

·相关法规·

《中华人民共和国道路交通安全法实施条例》

第五十五条 机动车载人应当遵守下列规定：

……

摩托车后座不得乘坐未满十二周岁的未成年人，轻便摩托车不得载人。

第七十二条 在道路上驾驶自行车、三轮车、电动自行车、残疾人机动轮椅车应当遵守下列规定：

（一）驾驶自行车、三轮车必须年满十二周岁；

（二）驾驶电动自行车和残疾人机动轮椅车必须年满十六周岁；

……

结合法条做分析

据有关部门统计，2021 年全国交通事故死亡人数为 6 万余人，受伤人数为 25 万余人。交通事故是未成年人意外伤亡的重要原因之一，道路交通安全也一向是国家和社会关注的热点问题。《中华人民共和国道路交通安全法实施条例》规定，未满十六周岁的未成年人不得驾驶电动车或残疾人机动轮椅车。以此类推，未满十六周岁的未成年人也不得驾驶摩托车上路。更何况，驾驶摩托车需要考取摩托车驾驶证，而考取摩托车驾驶证对年龄有要求和规定——须年满十八周岁。除此以外，法律还规定未满十二周岁的未成年人不能坐在摩托车后座上。小宇十五周岁就驾驶摩托车上路，并在后座搭载未满十二周岁的未成年人，这样做不仅违反《中华人民共和国道路交通安全法》，更是十分危险的行为。

做知法守法的小公民

我们追求速度与刺激时，很可能做出危及自己及他人人身安全的行为。未满十六周岁驾驶摩托车上路是法律不允许的危险行为。即使年龄达到要求，也需要拥有良好的驾驶技术与丰富的经验。我们一定要在年龄、技术以及经验完全符合要求且条件成熟后再尝试上路，不要将自己置于“危墙”之下。

捡到钱可以归为己有吗

周末，晓晨和彤彤、阿宽相约一起去图书馆。他们三人的阅读喜好差不多，一进图书馆就直奔儿童文学区，认真挑选自己喜欢的书，坐在书桌旁津津有味地看了起来。

不知不觉间，图书馆快要闭馆了。三人恋恋不舍地从座位上站起来，准备拿着各自想借回家看的书去办理借阅手续。就在阿宽翻看其中的一本书决定取舍时，一张面额100元的钞票从书中掉了出来。三人面面相觑，对这“意外之财”有些不知所措。

“这可能是某位小朋友看书的时候夹在里面忘了吧。”晓晨弯腰捡起钞票。

阿宽开心地说：“哈哈，既然是我们捡到的，那就是我们的了，我们可以用它买零食！”

彤彤看着阿宽说："谁说'捡到'就是'自己的'了。你的东西被人捡到难道不希望别人还给你吗？这个丢钱的小朋友肯定很难过啊！我们还是把钱给图书馆的管理员吧，说不定可以找到丢钱的人呢。"

听了彤彤的话，晓晨认同地点了点头，阿宽也因为羞愧而耳朵泛红。三人把钞票交给图书馆的管理员并说明了事情的原委，管理员直夸他们懂事。

·相关法规·

《中华人民共和国民法典》

第三百一十四条　拾得遗失物，应当返还权利人。拾得人应当及时通知权利人领取，或者送交公安等有关部门。

第三百一十五条　有关部门收到遗失物，知道权利人的，应当及时通知其领取；不知道的，应当及时发布招领公告。

第三百一十六条　拾得人在遗失物送交有关部门前，有关部门在遗失物被领取前，应当妥善保管遗失物。因故意或者重大过失致使遗失物毁损、灭失的，应当承担民事责任。

结合法条做分析

我国法律有明确规定，拾得他人财物据为己有属于侵占行为，经财物所有人催要的，应当返还。拒不返还的，财物所有人可以追讨，如有损失，财物所有人还可以要求赔偿损失。

这个故事中晓晨和小伙伴们并没有将捡到的100元钱

据为己有，而是选择将其交给图书馆的工作人员，这种行为既遵守了社会的道德规范，又遵守了法定义务。虽然晓晨他们不知道这100元钱是谁的，但是，不是自己的就不能据为己有。晓晨他们捡到的100元钱属于别人的遗失物，如果他们私自将捡到的财物据为己有就侵犯了别人的合法权益，别人有权追回。晓晨和小伙伴作为拾得人的确应该积极向有关部门上报，交由有关部门妥善保管和处置。有关部门收到遗失物，知道权利人的，应当及时通知其领取；不知道的，应当及时发布招领公告。

做知法守法的小公民

在生活中，捡到他人的财物后据为已有的大有人在。但是这种将捡到的财物据为已有的行为不论在道德上还是在法律上都是不对的。捡到财物的人很开心，同理，丢了财物的人会很难过。我们一定要诚实，不能将捡到的财物据为已有，而是要尽可能想办法让它回到自己真正的主人身边，这才是正确的做法。

路遇老人摔倒扶不扶

放学后，阿然和阿诚一如既往地结伴回家。走出校门不远，只见一位老奶奶晕倒在地，面色发紫，呼吸困难。路过的行人连忙拨打急救电话。

阿然看到这一幕，心里既紧张又着急，他突然想起在学校认真学过的心肺复苏操作方法，决定上前对老奶奶施救。可是阿诚拦住了他，对他说："万一你在施救过程中对老奶奶的身体造成伤害怎么办？老奶奶的家人过后肯定会找你算账的！"

谁知阿然不为所动，说："之前说你是'法盲'，你还和我'狡辩'，我一会儿再和你说这个，现在救人要紧。"

说完，阿然走上前去，跪在地上，开始对老奶奶进行心肺复苏。天气很热，阿然看起来很累，衣服被汗水浸透了，可他的动作依然做得很标准。

十分钟后，救护车赶到了，车上下来的医生夸阿然方法得当，施救及时。

救护车走后，围观的人纷纷给阿然点赞，阿然不好意思地笑着摆了摆手。这时，阿诚走到阿然面前，脸红红的，有些羞愧地说："对不起，阿然，刚刚我没有勇敢地站出来。"

"没关系的，"阿然大方地笑着说，"你的担心不是没有道理的，毕竟你说的那种情况新闻报道过很多。如果不是爸爸给我讲过《中华人民共和国民法典》第一百八十四条的规定，我刚才也会有那样的担心的。并且我还参加过急救培训。"

听到这话，阿诚眼睛一亮："我回家也要看看，了解一下，我以后也要在自己有能力、有把握的情况下去帮助遇到困难的人。"

·相关法规·

《中华人民共和国民法典》

第一百八十四条　因自愿实施紧急救助行为造成受助人损害的，救助人不承担民事责任。

结合法条做分析

在这个故事中，阿然掌握一定的急救知识，对晕倒在地的老奶奶进行施救，他的行为属于见义勇为，是值得表扬的。如果阿然的救助没有起效果，反倒伤害了老奶奶，对老奶奶造成新的损害，老奶奶或其家人因此向阿然索要赔偿，他可以根据上述《中华人民共和国民法典》第一百八十四条的规定，运用法律武器维护自己的合法权益。必要时他还可以请求围观的路人为自己证明。

做知法守法的小公民

尊老是社会美德，但老人借摔倒被人救助而讹钱的事件也时有发生，而且这种事儿有时不太容易查清事实真相，使救助者寒心。为了避免不必要的纠纷并使自己免受委屈，我们在扶人之前一定要采取这些措施：看现场周围有没有监控；观察现场有没有其他旁观者；方便的情况下可以用手机录像保留证据。作为小朋友，我们奉献爱心时要量力而行，在自身能力有限、无法救助时可以打急救电话。

识别赌博，远离赌博

今天，学校组织大家去春游，壮壮、乐然、阿路、大炜被分到一个小组。

野餐时，他们从背包里掏出事先准备好的午餐，摆在餐布上一起分享。午餐过后，老师让每个小组自由活动。

这时，大炜从书包里拿出一副扑克牌，说："我们来玩儿扑克牌吧。"几个同学兴致勃勃地玩儿了起来。

阿路总是赢，玩儿了一会儿后，他觉得没意思了，说道："赢了也没有奖励，不好玩儿。"

"那你说怎么玩儿？"大炜反问道，突然他一拍脑门儿，"有了，谁赢了，输的人就给他一块钱怎么样？"说着，大炜就从口袋里掏出早上妈妈给他的零花钱。

就在这时，班主任朝这四人小组走来，她问大炜拿钱干什么，大炜把前因后果告诉了班主任。班主任听完以后说："你们知道吗？这种拿钱下注比输赢的打牌方式叫'赌博'！"

"啊？！"听到班主任的话，四人都张大了嘴巴，他们没想到，一个貌似很平常的行为，性质竟然这么严重。

看到同学们眼中充满疑惑，班主任说："大家千万不要把刚才打扑克牌用钱下注的事儿当作小事儿。如果我们老师和家长不加以引导和管教，有些孩子就有可能会走上一条不该走的路。趁着这件事情，我给大家讲一下关于'赌博'的法律知识吧。"

·相关法规·

《中华人民共和国治安管理处罚法》

第七十条　以营利为目的，为赌博提供条件的，或者参与赌博赌资较大的，处五日以下拘留或者五百元以下罚款；情节严重的，处十日以上十五日以下拘留，并处五百元以上三千元以下罚款。

第二十一条　违反治安管理行为人有下列情形之一，依照本法应当给予行政拘留处罚的，不执行行政拘留处罚：

（一）已满十四周岁不满十六周岁的；

（二）已满十六周岁不满十八周岁，初次违反治安管理的；

……

第十二条　已满十四周岁不满十八周岁的人违反治安管理的，从轻或者减轻处罚；不满十四周岁的人违反治安管理的，不予处罚，但是应当责令其监护人严加管教。

结合法条做分析

在这个故事中，大炜提出输的人出一块钱作为每局赢家的奖励的行为属于赌博行为。作为未成年人，我们的心智还没有完全成熟，也没有经济能力，一旦沉迷于不健康的游戏会对身心健康造成严重危害，甚至可能走上违法犯罪的道路。我们可以通过玩儿扑克牌来进行娱乐、放松，还可以用扑克牌玩儿益智游戏，但是绝不能以金钱作为奖励方式和手段来维持乐趣。我们要认识到什么是赌博行为，以及参与赌博带来的严重后果。我们要从小养成良好的生活习惯、行为和作风，培养健康的兴趣爱好，远离赌博。

做知法守法的小公民

虽然未成年人在参与赌博数额不大的情形下不涉及违法犯罪，但这是一种不良行为。玩儿扑克牌等棋牌游戏完全没有问题，但是我们一定要记住不能用金钱作为筹码和代价。在日常生活中，我们一定要学会辨别，提高防范意识，远离涉及金钱交易的娱乐游戏。我们要培养自己良好的兴趣爱好，珍爱时间和生命，远离赌博。

被跟踪的晴晴

换座位后，小雪和晴晴成为邻桌，可是她们课间很少说话，而且，这几天晴晴总是一副心事重重的样子。一开始小雪还以为是彼此不熟悉的缘故，但是一连几天，晴晴在小雪找她说话的时候都心不在焉。小雪想："难道我做了什么让晴晴不高兴的事儿吗？"

"晴晴，你在想什么呀，为什么总是不说话啊？"课间时，小雪实在忍不住了，就把这几天心中的疑惑问了出来。

"小雪，我……我……被人跟踪了。"晴晴低声说道，眼睛里满是担忧，"这几天放学回家的路上，总有个陌生男人在后面跟着我，我一扭头，他就装作看手机。一开始我觉得是我想多了，但是已经一连四天了，每天都能看到他，我真的好害怕！"

听着晴晴的回答，小雪心里的疑惑终于有了答案，她知道了晴晴这几天的不开心不是因为自己，同时也为晴晴被跟踪而替她担心。

小雪想了想，觉得这件事儿不是她们两个能解决的，就对晴晴说：“咱们去找班主任吧，班主任一定有办法。”

晴晴看了看小雪，犹豫了一会儿后点头同意了：“走吧！”

……

听了晴晴讲的事情，班主任拍了拍晴晴的肩，并告诉了她应该怎么做……

·相关法规·

《中华人民共和国民法典》

第一千零三十三条　除法律另有规定或者权利人明确同意外，任何组织或者个人不得实施下列行为：（一）以电话、短信、即时通信工具、电子邮件、传单等方式侵扰他人的私人生活安宁；（二）进入、拍摄、窥视他人的住宅、宾馆房间等私密空间；（三）拍摄、窥视、窃听、公开他人的私密活动；（四）拍摄、窥视他人身体的私密部位；（五）处理他人的私密信息；（六）以其他方式侵害他人的隐私权。

《中华人民共和国未成年人保护法》

第六条　保护未成年人，是国家机关、武装力量、政党、人民团体、企业事业单位、社会组织、城乡基层群众性自治组织、未成年人的监护人以及其他成年人的共同责任。

国家、社会、学校和家庭应当教育和帮助未成年人维护自身合法权益，增强自我保护的意识和能力。

第十一条　任何组织或者个人发现不利于未成年人身心健康或者侵犯未成年人合法权益的情形，都有权劝阻、制止或者向公安、民政、教育等有关部门提出检举、控告。

国家机关、居民委员会、村民委员会、密切接触未成年人的单位及其工作人员，在工作中发现未成年人身心健康受到侵害、疑似受到侵害或者面临其他危险情形的，应当立即向公安、民政、教育等有关部门报告。

有关部门接到涉及未成年人的检举、控告或者报告，应当依法及时受理、处置，并以适当方式将处理结果告知相关单位和人员。

结合法条做分析

我国法律明确规定，任何组织或者个人不得窥视他人，除非法律另有规定或者得到权利人明确同意。在这个故事中，陌生男人接连四天跟踪晴晴的行为侵犯了晴晴的隐私权，是不合法的。未成年人的人身权利和其他权利也受法律保护，他人的跟踪可能威胁其人身安全，造成其恐慌和害怕等心理，有关当事人需要承担相关的法律责任。遇到这种情况，晴晴应该及时告诉老师和家长，寻求他们的帮助，或者直接报警，保障自己的人身安全，维护自己的合法权益不受侵犯。

做知法守法的小公民

被陌生人跟踪可不是一件小事儿，我们在日常出行中一定要有安全意识，提高警惕，尽量结伴同行。如果发现自己被陌生人跟踪也不要害怕，首先要让自己冷静下来，然后尽量朝人多的地方走，摆脱跟踪自己的人。还可以积极寻求周围人或警察的帮助，使其被绳之以法。

第三部分

文明校园需法治

学校的足球不能拿回家

彤彤、萌萌和小鹏三人约定放学后一起回家。因为小鹏是学校足球队的前锋，所以他经常在学校的操场踢足球。

这天放学后，彤彤和萌萌去操场上找小鹏，二人走到操场边时，小鹏正带球过人射进这场比赛的最后一个球。

“好！”围观的同学发出一阵叫好声。

看到彤彤和萌萌后，小鹏朝她俩走了过来。由于还没踢尽兴，小鹏就顺手拿起了足球，想要回家继续踢。

三人一边说话一边朝校门口走去。这时，门口的保安叔叔叫住了他们。他指着小鹏手中的足球问道：“同学，这个足球是你自己的吗？”

“哦，这是学校校队的足球，我想一会儿回家和别的朋友一起踢。”刚刚运动过后的小鹏意犹未尽。

听到这话，保安叔叔拍了拍小鹏的肩膀，说：“同学，这可不行啊，学校的东西不能私自拿回家。没和老师打招呼就把学校的东西拿回家，这叫‘偷’啊！”

“啊？！”三人异口同声地叫了出来，没想到顺手把学校的足球拿回家的后果竟然这么严重！小鹏连忙说：“不好意思，我做错了，叔叔，我这就把球还回去！”

往操场走的路上，彤彤说：“刚才咱们根本没多想，我回家一定好好问问我爸爸这件事儿，让爸爸好好给我解释下原因，以后我们可不能再犯这样的错误了！”

·相关法规·

《中华人民共和国宪法》

第十二条 社会主义的公共财产神圣不可侵犯。

国家保护社会主义的公共财产。禁止任何组织或者个人用任何手段侵占或者破坏国家的和集体的财产。

《中华人民共和国物权法》

第四条 国家、集体、私人的物权和其他权利人的物权受法律保护，任何单位和个人不得侵犯。

第三十九条 所有权人对自己的不动产或者动产，依法享有占有、使用、收益和处分的权利。

结合法条做分析

这个故事中小鹏未经老师同意擅自将学校的足球拿回家的行为侵犯了学校的财产权。我国法律明确规定，国家、集体、私人的物权和其他权利人的物权受法律保护，只有所有权人才有权利对自己的动产或者不动产进行处置。足球属于学校的公共财产，所有权归学校所有，所以个人不能擅自将它当作私人物品随便使用。小鹏将足球拿回家并没有得到老师的同意，因此可以以“偷”定性。但是小鹏本人主观上并没有这种想法，也不知道这类事情的严重性，在保安叔叔的告知下，他将足球还了回去，所以不对他进行相应的惩罚。如果知道这种行为违法，还故意为之，那么学生本人应受到相应的惩罚。

做知法守法的小公民

未成年人，尤其是小学生，规则意识比较弱，我们很多时候犯错误属于无意识的行为，我们需要一定的时间，待心智更成熟时，才能认识到自己的某些行为是错误的，我们一定要记住，没有经过学校或者老师的同意，不能将学校的东西带回家，这样做是不对的，也是不合法的。

丢失的橡皮

琪琪有很多可爱的文具。比如，她的笔袋袋身是白色的，上面印着俏皮的黑色斑点，像一只小狗伸长的“手臂”，笔袋的一端是张开的狗爪的形状，笔袋放在桌子上，就像可爱的狗狗在伸爪和人打招呼。她还有各种各样的橡皮：有准备飞向太空的小宇航员，有捧着萝卜仿佛在蹦蹦跳跳的小兔子……

周一，琪琪把新买的橡皮带到了学校。课间，班里的女生三三两两地围了过去。

“琪琪，你新买的橡皮太好看了，我最喜欢这块‘兰花’的。”“我喜欢这块‘梅花’的。”“我喜欢‘荷花’的。”几个女生你一言我一语地说着。

琪琪一共有十块新橡皮，每块橡皮都让看到的人眼前一亮。

可是，第二天，琪琪的橡皮丢了一块。琪琪觉得是自己太不小心了，自责了很久。但是，第三天，又有一块橡皮找不到了，琪琪意识到有些不对劲儿。紧接着琪琪又丢了第三块橡皮，这让她不得不怀疑她的橡皮被“偷”了。马上就要下课了，琪琪举手向班主任说了这件事儿。

班主任指了指墙角的摄像头，平静地说：“琪琪的橡皮的确很漂亮，我觉得可能是某位同学想要拿着欣赏两天，忘记还给琪琪了。摄像头也在记录着这件事儿，我希望这位同学主动把橡皮还回来，可以直接放到我的办公室。”

第二天开班会时，班主任走到琪琪的座位旁边，然后缓缓张开手掌，掌心中正是琪琪丢失的三块橡皮。

琪琪从班主任手中接过失而复得的橡皮，开心地说：“谢谢老师！这是谁送到您办公室的呀？”班主任笑了笑，转身走上讲台。

班主任说：“琪琪，老师不能告诉你橡皮是谁送到办公室的。这个同学因为太喜欢你的橡皮了，所以一时冲动把它拿走了，他当时并没有意识到这是不对的。我已经和他聊过了，他现在已经明白他犯了错，而且，他也希望你能原谅他，他一定会改正的。从现在开始，这件事儿已经过去了，我们不要再讨论这件事儿了。”

琪琪点点头，说：“好的，我明白了老师。那我也原谅他了。”

班主任笑了笑，然后又说：“同学们都要记住，无论你多喜欢别人的东西，都不能偷偷地把它拿走，这样的行为是错误的。”

·相关法规·

《中华人民共和国未成年人保护法》

第四条 保护未成年人，应当坚持最有利于未成年人的原则。处理涉及未成年人事项，应当符合下列要求：

（一）给予未成年人特殊、优先保护；

（二）尊重未成年人人格尊严；

（三）保护未成年人隐私权和个人信息；

（四）适应未成年人身心健康发展的规律和特点；

（五）听取未成年人的意见；

（六）保护与教育相结合。

第二十五条 学校应当全面贯彻国家教育方针，坚持立德树人，实施素质教育，提高教育质量，注重培养未成年学生认知能力、合作能力、创新能力和实践能力，促进未成年学生全面发展。

学校应当建立未成年学生保护工作制度，健全学生行为规范，培养未成年学生遵纪守法的良好行为习惯。

结合法条做分析

这个故事中班主任的做法是正确的，她没有说出拿走橡皮的同学的姓名和相关信息，保护了未成年人的个人隐私和人格尊严，并对该同学进行了教育，这不是对犯错误的同学的包庇，而是一种合法保护。依照法律规定，学校在对未成年人进行教育时，要结合未成年人身心发展的规律和特点，促进未成年人体质、智力、品德等方面和谐发展。偷拿橡皮是小事儿，但如果放任不管，以后同学一旦做出偷盗行为可是大事儿。老师可以对偷拿东西的同学单独进行批评教育，必要时可以要求同学做出书面检讨，但要尽量避免进行公开教育。法律也明确规定，任何组织或者个人不得披露未成年人的个人隐私，以免对未成年人的自尊心造成打击，不利于未成年人的身心健康发展。如果故事中的班主任在全班同学面前说出了拿走橡皮的同学的姓名，并当众批评，该同学也可以通过合法途径维护自己的隐私权。

做知法守法的小公民

我们的心智还没有发展成熟，可能无法认清一些事情的性质，分不清某些事情或行为的界限，所以有可能做出一些不合规范的事情。我们要认真接受老师和家长的教导，学会辨别行为的正误。同时，由于我们的年龄尚小，对于自己的隐私权并没有概念和保护意识，但这并不意味着我们的隐私权可以被随意侵犯，我们要学会维护自己的隐私权。学校、老师以及全社会要尊重和保护未成年人的人格尊严，促进未成年人的全面发展。

一句坏话引发的谣传

早上，班主任在正式上课前说："今天老师要表扬浩然同学，这次的校园作文大赛，浩然同学取得了第一名。让我们为浩然鼓掌，希望他再接再厉！"

就在晓晨开心地鼓掌的时候，她的同桌却突然在她耳边低声说：“浩然写的作文是抄的。”

浩然是晓晨的好朋友，他喜欢看课外书，写的作文也一直很好，晓晨当然不相信，就问同桌：“你怎么知道的？”

“子豪说的，他说他看见浩然抄作文了。”晓晨的同桌无辜地看着晓晨说。

下课后，浩然和晓晨分享自己的喜悦：“我好开心啊！”

“但是你抄了别的书上的作文，子豪看见了。”晓晨嘴快地说了出来。

空气仿佛瞬间凝固了，浩然不可置信地看着晓晨说：“你是我的好朋友，你应该了解我，你怎么能轻信别人没有根据的话呢？我没有抄！”说完，浩然有些生气，转身离开了。

浩然觉得十分委屈，去找班主任诉说自己难受的心情。经过班主任的了解和确认，在下午开班会时，子豪说明了事情的真相。

原来，子豪根本没看到浩然抄作文。因为浩然担任这周的值日班长，曾经给违纪的子豪扣了分，子豪心情不爽，所以才故意说了这样的话。后来，子豪当着大家的面向浩然道歉，说自己做错了。听到这里，晓晨真后悔自己今天上午的行为。

这时，班主任语重心长地对大家说：“同学们，你们还小，可能不知道自己这样随便编造有关他人的并不存在的或者并没有发生的事情的行为是不对的，说得严重些，这叫‘造谣、中伤’。你们虽然年龄小，但是也必须学会对自己所说的话负责。你们如果编造伤害他人的谣言，或传播未加证实的言论，情节严重的话，还可能会连累父母承担法律责任。老师希望大家都做一个诚实、正直的孩子！”

·相关法规·

《中华人民共和国宪法》

第三十五条 中华人民共和国公民有言论、出版、集会、结社、游行、示威的自由。

第三十八条 中华人民共和国公民的人格尊严不受侵犯。禁止用任何方法对公民进行侮辱、诽谤和诬告陷害。

第五十一条 中华人民共和国公民在行使自由和权利的时候，不得损害国家的、社会的、集体的利益和其他公民的合法的自由和权利。

《中华人民共和国侵权责任法》

第三十二条 无民事行为能力人、限制民事行为能力人造成他人损害的，由监护人承担侵权责任。监护人尽到监护责任的，可以减轻其侵权责任。

有财产的无民事行为能力人、限制民事行为能力人造成他人损害的，从本人财产中支付赔偿费用。不足部分，由监护人赔偿。

结合法条做分析

这个故事中子豪出于报复心理，造出浩然作文比赛抄袭的谣言，而晓晨和她的同桌不加辨别和证实就相信并传播这个谣言，损害了浩然的人格尊严和合法利益。《中华人民共和国宪法》确认公民享有言论自由，但是自由是相对的，公民在行使言论自由的权利时，一定要注意分寸，按照法律的规定去行使，不能造谣传谣。造谣传谣行为是一种言论自由权利的滥用，不仅没有正确使用法律规定的公民可以行使的权利，还造成对他人合法权益的不当侵害。未成年人是限制民事行为能力人，限制民事行为能力人的法律责任要由监护人（一般是父母）来承担。我国法律明确规定，公民在行使自由和权利时不得损害其他公民的自由和权利，因此子豪、晓晨等相关造谣传谣者要为自己的不当行为负责，应当及时向大家澄清真相，并向浩然道歉，取得他的原谅。故事中，晓晨、子豪以及晓晨的同桌对浩然的名誉没有造成严重损害，如果对对方合法权益的损害达到需要承担法律责任的程度，他们的父母（监护人）就要代替未成年子女承担法律责任。

做知法守法的小公民

造谣传谣是一把利刃，损害被中伤的人的人格尊严，对人的身心健康带来严重危害。每一位公民都应该做到不信谣不传谣，对生活中的各种信息加以辨别，不随便散布、传播，我们要正确使用言论自由的权利，一定不能轻易地相信别人说的某些坏话，也不能无中生有，随便说别人的坏话。

校园里的“保护费”

最近小鹏变得很奇怪。本来晓晨、小琪和小鹏很要好，常常放学一起回家，但是上周二小鹏突然跟晓晨和小琪说他有事儿，放学就不和她们一起回家了。晓晨和小琪本来也没放在心上。但是从那天开始，小鹏每天都是自己回家，甚至连原因也不告诉两个好朋友。

晓晨和小琪都觉得有些奇怪，决定找个时间好好问问他。于是，一天下午课间的时候，晓晨和小琪去找小鹏。

“小鹏，你必须要说清楚，你每天放学以后到底干什么去了？”晓晨两只眼睛瞪着小鹏，一脸“霸道”。

看小鹏还是一副支支吾吾的样子，小琪有些生气，也开始“助攻”：“你既然不告诉我们，那就是不把我们当朋友，以后不要再来找我们了。”

“不是的，”小鹏叹了一口气，“我也不想这样。其实是大吕最近找上了我，让我把自己的零花钱给他当‘保护费’，如果不给他就打我，他说交了‘保护费’如果有人欺负我，他就会保护我。”

大吕是学校里有名的“混世魔王”，总是欺负人。听到小鹏被大吕欺负，晓晨和小琪很为他担心，一番思量后，晓晨说：“小鹏，我觉得这事儿必须告诉班主任，我这就去和班主任说。”

说完，晓晨起身就向办公室走去，小琪拍了拍小鹏的肩膀，示意他跟上。

·相关法规·

《中华人民共和国未成年人保护法》

第三十九条　学校应当建立学生欺凌防控工作制度，对教职员工、学生等开展防治学生欺凌的教育和培训。

学校对学生欺凌行为应当立即制止，通知实施欺凌和被欺凌未成年学生的父母或者其他监护人参与欺凌行为的认定和处理；对相关未成年学生及时给予心理辅导、教育和引导；对相关未成年学生的父母或者其他监护人给予必要的家庭教育指导。

对实施欺凌的未成年学生，学校应当根据欺凌行为的性质和程度，依法加强管教。对严重的欺凌行为，学校不得隐瞒，应当及时向公安机关、教育行政部门报告，并配合相关部门依法处理。

《中华人民共和国刑法》

第二百七十四条　【敲诈勒索罪】敲诈勒索公私财

物，数额较大或者多次敲诈勒索的，处三年以下有期徒刑、拘役或者管制，并处或者单处罚金；数额巨大或者有其他严重情节的，处三年以上十年以下有期徒刑，并处罚金；数额特别巨大或者有其他特别严重情节的，处十年以上有期徒刑，并处罚金。

结合法条做分析

这个故事中大吕向小鹏索取保护费的行为属于敲诈勒索。大吕以非法占有为目的，对小鹏使用威胁的方法强行索要小鹏的零花钱，这种行为对小鹏的财产权和人身安全造成侵犯，属于校园欺凌。我国法律明确规定，收取保护费的行为涉嫌敲诈勒索，虽然大吕收取的保护费的数额并不大，但是这种行为性质恶劣，且对学生和学校造成不利的影响。小鹏应该及时向老师或家长反映，必要时直接报警；大吕也将对自己的行为负责，接受应有的惩罚，轻者通报批评，或留校察看，重者直接劝退，或移交派出所。

做知法守法的小公民

法律才是对自己最好的保护，而且不收费。他人向我们收取保护费不仅不可能保护我们，而且还威胁我们的人身财产安全，不利于我们身心健康发展。若遇到被他人索要保护费的情况，我们一定要及时告诉老师和家长，在保护自己合法权益的同时制止校园“恶霸”或者街道“恶霸”的违法行为，让他们受到应有的惩罚。

还款有期限

放学回家路上，小凯在学校对面的书店里看到了他喜欢的“柯南”系列漫画，其中几本他没看过。他拿起来翻了几页后爱不释手，转头对彤彤说：“彤彤，我这个月的零花钱用来买文具了，你带钱了吗？可以借给我吗？我妈妈下个月给我零花钱后，我马上就还你。”

看着小凯落在书上的迫切目光，彤彤知道他真的很喜欢这本书。她点点头，从口袋里拿出妈妈给自己的零花钱，借给了小凯。

付完款后，小凯心满意足地抱着书，不停地向彤彤道谢。

“不能只说‘谢谢’呀，口说无凭，我爸爸说借人钱要打欠条。”彤彤的爸爸是律师，所以彤彤懂得很多法律知识。听到彤彤这么说，小凯立刻打开书包，掏出纸和笔，可在下笔时却犯了难。不要说小凯了，就算是自认为法律知识懂得较多的彤彤也不知道怎么写欠条。

“算了，”小凯把纸笔收起来，对彤彤说，“反正咱们住在一个小区，我们跟你回家问问你爸爸不就知道怎么写欠条了吗？”

彤彤点头表示同意。小凯带着他的新书和彤彤、晓晨一起向家的方向走去。

·相关法规·

《中华人民共和国民法典》

第四百六十九条 当事人订立合同，可以采用书面形式、口头形式或者其他形式。书面形式是合同书、信件、电报、电传、传真等可以有形地表现所载内容的形式。以电子数据交换、电子邮件等方式能够有形地表现所载内容，并可以随时调取查用的数据电文，视为书面形式。

第五百七十九条 当事人一方未支付价款、报酬、租金、利息，或者不履行其他金钱债务的，对方可以请求其支付。

结合法条做分析

这个故事中小凯要给彤彤写借条是信守承诺和遵守约定的表现，但是《中华人民共和国民法典》规定，在借条上签字的双方当事人应当具有相应的民事行为能力。鉴于彤彤和小凯都是未成年人，无法实施民事法律行为，所以彤彤和小凯之间即便签了借条也不具有法律所规定的借条的性质。故事中的这种情况属于朋友之间正常的金钱借还，写借条是一种比较正式的约定方式，它明确了当事人、借款金额和还款时间，既可以提醒借款人还款，又可以保障被借款人的利益。法律也规定，当事人一方不履行金钱债务的，对方可以请求其支付，而且欠债还钱，天经地义，如果小凯借钱不还，彤彤可以拿出借条敦促他支付。

做知法守法的小公民

有些人遇到需要资金周转的情况时，有时会选择向他人借款，写借条，约定还款日期。但是欠债不还的事情也时有发生。我们在给别人借钱或者向别人借钱时，写借条是一种非常正确和明智的做法。我们一定要记住，如果借钱的人不写借条，我们借出去的钱有可能要不回来。另外，当我们向别人借钱后，一定要信守承诺和约定，按时还钱，诚信做人做事。

会画画的菲菲

周末，晓晨到菲菲家里玩儿，菲菲的爸爸中午回家时给菲菲带回了稿费——前几天菲菲的画作结集出版了。

菲菲从小学习画水彩画，得过很多奖。前几个月，有一家出版社很欣赏菲菲的水彩画，就和菲菲的父母商量，结集出版菲菲的画，菲菲和她的父母非常高兴，欣然答应了。今天，菲菲出版画作的稿费收到了。

菲菲拿到稿费的支票非常开心，她看了又看。突然她想到了什么，快速跑到书桌前翻开了当时和出版社签订的合同。很快，她跑到客厅疑惑地问：“爸爸，为什么支票上的金额和合同上写的稿费金额不一致呀？”

菲菲的爸爸对她说：“你个‘小猴精’，什么都逃不过你的眼睛。你是不是发现支票上写的金额比合同上写的金额少呀？”

菲菲点点头："对，少了一些。"

菲菲的爸爸笑了笑，朝晓晨招招手说："晓晨，你也过来，我给你和菲菲简单介绍一下关于'稿酬个人所得税'的知识吧！"

一听可以学到新的法律知识，晓晨高兴极了："太好了，叔叔！我洗耳恭听！"

·相关法规·

《中华人民共和国个人所得税法》

第一条　在中国境内有住所，或者无住所而一个纳税年度内在中国境内居住累计满一百八十三天的个人，为居民个人。居民个人从中国境内和境外取得的所得，依照本法规定缴纳个人所得税。

在中国境内无住所又不居住，或者无住所而一个纳税年度内在中国境内居住累计不满一百八十三天的个人，为非居民个人。非居民个人从中国境内取得的所得，依照本法规定缴纳个人所得税。

第二条　下列各项个人所得，应当缴纳个人所得税：（一）工资、薪金所得；（二）劳务报酬所得；（三）稿酬所得；（四）特许权使用费所得；（五）经营所得；（六）利息、股息、红利所得；（七）财产租赁所得；（八）财产转让所得；（九）偶然所得。

居民个人取得前款第一项至第四项所得（以下称综合所得），按纳税年度合并计算个人所得税；非居民个人取得前款第一项至第四项所得，按月或者按次分项计算个人所得税。纳税人取得前款第五项至第九项所得，依照本法规定分别计算个人所得税。

《国家税务总局关于全面实施新个人所得税法若干征管衔接问题的公告》（国家税务总局公告 2018 年第 56 号）

扣缴义务人向居民个人支付劳务报酬所得、稿酬所得、特许权使用费所得，按次或者按月预扣预缴个人所得税。

……

劳务报酬所得、稿酬所得、特许权使用费所得以收入减除费用后的余额为收入额。其中，稿酬所得的收入额减按百分之七十计算。

减除费用：劳务报酬所得、稿酬所得、特许权使用费所得每次收入不超过四千元的，减除费用按八百元计算；每次收入四千元以上的，减除费用按百分之二十计算。

结合法条做分析

这个故事中菲菲属于我国法律规定中定义的居民个人，所以她要依照法律规定缴纳个人所得税。菲菲出版水彩画的所得属于稿酬所得，在应该缴纳个人所得税的范围之内，也就是说她所签的合同上的稿费扣除相应的个人所得税之后就是她最终实际所得，所以出现了支票上的金额和合同上拟定的稿费金额不一致的情形，这完全符合法律规定。如果菲菲对此依旧存疑，可以打电话或上网向相关部门咨询和求证。

做知法守法的小公民

依法纳税是公民的义务，每个公司和个人都应该依照法律规定纳税。在日常生活中，我们有时会看到或者听到有人偷税漏税的新闻，这是违反法律的行为，破坏了正常的社会生活秩序。我们一定要在该纳税的时候主动纳税，同时也要运用所学的知识，提醒身边人履行纳税义务。

第四部分

旅游出行靠法商

错过乘车时间

“明明！快点儿起床！你再不起床我们真的要迟到啦！妈妈昨天忘记设置闹钟了，快点儿起床啦！”明明是被妈妈的连环叫和不时传来的碰撞声吵醒的。

明明揉了揉眼睛，在床上愣了几秒才反应过来今天是他们回老家参加叔叔婚礼的日子。爸爸妈妈脸上焦急的表情让明明意识到他们可能真的要赶不上高铁了，于是，他加快了自己洗漱的速度。一家人快速收拾好行李，开车向车站驶去。

“我出门的时候是不是把我和明明的身份证给你了？身份证在不在你那儿？赶紧确认一下吧！”爸爸边开车边对妈妈说。

“你什么时候给我了？我完全没印象啊！”妈妈一脸迷惑，打开背包着急地翻找了一通，“我这儿没有呀！你

是不是又忘带了？！”妈妈着急得声音都高了好几个度。

“你先别急，我们现在掉头回去取应该还来得及。”爸爸一边安抚着妈妈的情绪一边掉转方向。

“现在是早高峰，一会儿肯定会堵车呀！这一来一回我们肯定赶不上高铁了！这可怎么办呀？”妈妈焦急地说道。

“别急别急，先取了身份证再说，一定会有办法的……”明明听着爸妈的对话，郁闷地想：“如果真的错过乘车时间应该怎么办呢？”

·相关法规·

《中华人民共和国民法典》

第八百一十六条 旅客因自己的原因不能按照客票记载的时间乘坐的，应当在约定的期限内办理退票或者变更手续；逾期办理的，承运人可以不退票款，并不再承担运输义务。

《铁路旅客运输规程》

第三十四条 旅客不能按票面指定的日期、车次乘车时，在列车有能力的前提下可以办理一次提前或改晚乘车签证手续。办理改晚乘车签证手续最晚不超过开车后2小时，团体旅客必须在开车48小时以前办理。原票已托运行李的，在改签后的新票背面注明“原票已托运行李”字样并加盖站名戳。

动车组列车车票办理改晚乘车手续时，推迟乘车的时间应当在车站售票的预售期内。

结合法条做分析

《中华人民共和国民法典》针对客运合同中旅客与承运人在时间上可能产生的问题做出了规定。如果旅客不能按规定及时乘车，应当在约定期限内办理退票或者改签。在这个故事里，明明一家因为粗心大意和马虎可能无法及时登上火车，这种情况下，承运人（此处指铁路运输企业）是不承担责任的，因此，明明一家可以按规定在票面指定的日期、车次开车前办理一次推迟乘车签证手续，从而顺利乘车，但是如果他们超过了规定办理的时间，那么铁路公司可以不退还他们的票款。

做知法守法的小公民

守时是非常可贵的品质。曾有人说过“不守时间就是没有道德”。在日常生活中，我们要养成守时的好习惯，在做任何事情之前，尤其是涉及出行、会议等情况时，都要提前安排好自己的时间和计划，以免出现迟到的情况。如果由于突发事件导致我们不能及时乘坐火车，我们也不要慌张，可以尽早在规定时间内按章程进行改签。但是注意一定不能做出强行冲卡进站等扰乱公共场所秩序的非法行为，我们要做一名守法公民。

列车上的座位之争

“你凭什么坐我的座位？我的票上清清楚楚、明明白白地写着这是我的座位！”

“这个座位上写了你的名字吗？我买的票上也写了我的座位就是这里，凭什么我就不能坐？”

“可是你已经坐过站了……”

晓晨被激烈的争吵声吵醒了，她揉了揉惺忪的睡眼。

妈妈看到晓晨一脸疑惑，便小声告诉她事情的经过：吵架的叔叔本来应该在上一站就下车的，但是他不仅没有下车，还未经女孩的同意坐在本该女孩坐的座位上，女孩拿着票却没有座位可坐，便跟他吵起来了。

两人的争吵声引起一阵骚动，没过一会儿，乘务员便匆匆赶过来处理这件事情。可是无论乘务员怎么劝说，那个叔叔依然占着座位不离开，到最后竟然耍起了无赖，在

车上大吼大叫，还对乘务员进行言语和肢体攻击，严重扰乱了乘车秩序。

我们一旦遇到这种情况应该怎么办呢？

· 相关法规 ·

《中华人民共和国民法典》

第八百一十五条 旅客应当按照有效客票记载的时间、班次和座位号乘坐。旅客无票乘坐、超程乘坐、越级乘坐或者持不符合减价条件的优惠票乘坐的，应当补交票款，承运人可以按照规定加收票款；旅客不支付票款的，承运人可以拒绝运输。

《中华人民共和国治安管理处罚法》

第二十三条　有下列行为之一的，处警告或者二百元以下罚款；情节较重的，处五日以上十日以下拘留，可以并处五百元以下罚款：

…………

（三）扰乱公共汽车、电车、火车、船舶、航空器或者其他公共交通工具上的秩序的；

…………

《铁路旅客运输规程》

第四十六条　对无票乘车而又拒绝补票的人，列车长可责令其下车并应编制客运记录交县、市所在地车站或三等以上车站处理（其到站近于上述到站时应交到站处理）。车站对列车移交或本站发现的上述人员应追补应收和加收的票款，核收手续费。

第四十七条　对违反国家法律、法规，在站内、列车内寻衅滋事、扰乱公共秩序的人，站、车均可拒绝其上车或责令其下车；情节严重的送交公安部门处理；对未使用至到站的票价不予退还，并在票背面做相应的记载，运输合同即行终止。

《铁路旅客信用记录管理办法（试行）》

失信行为 扰乱铁路站车运输秩序且危及铁路安全、造成严重社会不良影响……无票乘车、越站（席）乘车且拒不补票……

结合法条做分析

无论选择哪种出行方式，乘客之间的纠纷时有发生。《中华人民共和国民法典》以及相关规定就乘客的权利和义务做了规范。在这个事件中，那个叔叔属于超程乘坐，霸占了女孩的座位，在乘务员协调的情况下，他仍然无理占座且耍无赖，不仅侵害了他人的合法利益，也扰乱了社会公共秩序，严重影响公共交通秩序，违反了相关法律和规定，应当受到道德的谴责和法律的制裁。

做知法守法的小公民

我们在乘坐交通工具时一旦碰到恶意占座的行为，首先要冷静、礼貌地与对方进行协商，一定不要有言语和肢体上的冲突，保护好自己的人身安全。如果对方仍蛮不讲理，拒不让座，切记不要与对方纠缠，及时联系乘务员进行调解，捍卫自己的合法权益。

尊重并遵守规则是对我们权利的保护，不守规则的人会付出相应的代价。另一方面，“勿以恶小而为之”，我们也要做文明、守法的公民，提高自身素质，不要做出损害他人和公共利益、扰乱公共秩序的行为。只有人人都抵制“霸座”行为，文明出行，才能营造文明和谐的乘车环境。

“到此一游”不可取

春暖花开，万物复苏，正是去公园野餐的好时节。明明和朋友们约好周六下午去公园野餐放风筝。

周六的下午，大家把各式各样的食物放在铺好的野餐垫上，大家有说有笑，一起吃东西、玩儿游戏、放风筝，玩儿得不亦乐乎！

忽然，燕燕神神秘秘地说：“我们去那边的亭子留下点儿作品吧！”听到燕燕的话，大家望向她，这才发现燕燕手里拿着一支笔。

“作品？你不会是要在亭子上涂鸦吧？在公共物品上随意涂鸦是不对的！”维维反对道。

“那有啥！之前爸爸妈妈带我去旅游的时候，我还在柱子上写过‘到此一游’呢！那根柱子有很长的历史，我觉得可酷了！”燕燕不以为然道。

晶晶不解地说："难道你忘记之前我们学过的那篇课文《爱护公物我在行动》了吗？课文里说了，在文物和公共物品上乱涂乱画是错误的行为！燕燕，我觉得你以后还是不要这样做了！"朋友们纷纷说燕燕的做法是错误的。燕燕觉得大家有些小题大做，虽然她自己认为这种行为根本没什么，但她也只好作罢。

可是，在文物和公共物品上乱涂乱画真的没什么吗？

·相关法规·

《中华人民共和国治安管理处罚法》

第四十九条 盗窃、诈骗、哄抢、抢夺、敲诈勒索或者故意损毁公私财物的，处五日以上十日以下拘留，可以并处五百元以下罚款；情节较重的，处十日以上十五日以下拘留，可以并处一千元以下罚款。

第六十三条　有下列行为之一的，处警告或者二百元以下罚款；情节较重的，处五日以上十日以下拘留，并处二百元以上五百元以下罚款：

（一）刻划、涂污或者以其他方式故意损坏国家保护的文物、名胜古迹的；

（二）违反国家规定，在文物保护单位附近进行爆破、挖掘等活动，危及文物安全的。

《中华人民共和国刑法》

第三百二十四条　【故意损毁文物罪】故意损毁国家保护的珍贵文物或者被确定为全国重点文物保护单位、省级文物保护单位的文物的，处三年以下有期徒刑或者拘役，并处或者单处罚金；情节严重的，处三年以上十年以下有期徒刑，并处罚金。

【故意损毁名胜古迹罪】故意损毁国家保护的名胜古迹，情节严重的，处五年以下有期徒刑或者拘役，并处或者单处罚金。

【过失损毁文物罪】过失损毁国家保护的珍贵文物或者被确定为全国重点文物保护单位、省级文物保护单位的文物，造成严重后果的，处三年以下有期徒刑或者拘役。

结合法条做分析

无论是公共财物、他人财物还是物质文化遗产，都受到法律严格保护。在这个故事里，燕燕所提到的她在柱子上写“到此一游”的行为属于故意损毁公共财物。根据上述法律条款，我们可以知道：在文物或名胜古迹上写字、乱写乱画是法律禁止的行为，情节轻微的要受到批评，情节严重的则会被罚款，甚至受到拘留等处罚。

做知法守法的小公民

在公共场所乱涂乱画是不文明的行为，不仅侵犯公共利益，还影响市容市貌。保护市容市貌、保护文物遗产是每个公民的责任和义务。让我们从自己做起，不在公共场所乱涂乱画，并对不文明的乱涂乱画行为说“不”。

“咬脚”的扶梯

周末的傍晚，明明和爸爸妈妈一起去市内一处新的旅游地标看灯光秀。离灯光秀开演的时间尚早，他们慢慢悠悠地走着，欣赏四周的建筑和风景。突然，不远处的扶梯旁聚集人群的哭声和吵闹声吸引了他们的注意——发生了什么事情？

明明看到几位消防员跑向扶梯。在保安和现场工作人员的指挥下，聚集的人群渐渐散开，这时明明才得知：原来是一个小孩子的脚被卡在扶梯里了。几分钟后，小孩子被抱下扶梯，送往医院救治。

按理说扶梯旁应该有安全管理人员值守，一旦出现突发情况，安全管理人员可以第一时间按下紧急按钮，防止意外发生。可是，当意外发生时，这处旅游新地标的扶梯旁并没有安全管理人员。

那么，灯光秀的举办方需不需要对小孩子的意外负责呢？

·相关法规·

《中华人民共和国民法典》

第一千一百九十八条 宾馆、商场、银行、车站、机场、体育场馆、娱乐场所等经营场所、公共场所的经营者、管理者或者群众性活动的组织者，未尽到安全保障义务，造成他人损害的，应当承担侵权责任。

因第三人的行为造成他人损害的，由第三人承担侵权责任；经营者、管理者或者组织者未尽到安全保障义务的，承担相应的补充责任。经营者、管理者或者组织者承担补充责任后，可以向第三人追偿。

《中华人民共和国消费者权益保护法》

第十八条［安全保障义务］第二款　宾馆、商场、餐馆、银行、机场、车站、港口、影剧院等经营场所的经营者，应当对消费者尽到安全保障义务。

《中华人民共和国特种设备安全法》

第三十四条　特种设备使用单位应当建立岗位责任、隐患治理、应急救援等安全管理制度，制定操作规程，保证特种设备安全运行。

第三十六条　电梯、客运索道、大型游乐设施等为公众提供服务的特种设备的运营使用单位，应当对特种设备的使用安全负责，设置特种设备安全管理机构或者配备专职的特种设备安全管理人员；其他特种设备使用单位，应当根据情况设置特种设备安全管理机构或者配备专职、兼职的特种设备安全管理人员。

结合法条做分析

经营者、管理者和活动组织者对进入特定的服务场所的参与者和消费者的人身、财产安全负有保障义务，包括建筑结构安全、消防安全、电梯安全、设施安全、人员配备安全、服务管理安全、安保措施安全和安全引导等方面。在这个故事里，小孩子的脚被卡到电梯里。灯光秀的举办方作为自动扶梯服务的提供者应该在自动扶梯附近设置警示牌，并应安排安全管理人员对来往的游客进行提醒，以防意外的发生。在本事件中，灯光秀场内并没有工作人员在电梯旁值守，未尽到安全保护义务，灯光秀的举办者对小孩子受伤负有一定责任。

做知法守法的小公民

生活当中有各种各样的电梯，我们乘坐电梯时一定不要因为好奇或调皮而做出危险的举动，以防发生意外；我们还要注意自己的随身物品，系好鞋带，防止它们不小心被电梯“咬”住，对我们的人身安全造成威胁。同时，我们要注意电梯周边的环境，保护好自己。一旦遇到意外，首先我们要保护自己身体的重要部位，以免受伤；其次，不要胡乱用力挣脱，而要尽可能保持镇静并大声呼救，以确保能使更多人前来帮忙营救。

危险的充气城堡

小贝最近可开心了，因为爸爸妈妈很早之前就承诺：如果她期末考试成绩有进步，就带她去游乐场体验新项目——超大充气城堡。而这次的期末考试小贝比自己以前考的都好，这也意味着她能得偿所愿了。

可是，就在小贝憧憬着要在充气城堡里尽情玩耍时，爸爸告诉小贝游乐园取消充气城堡这个项目了。小贝听到这个消息后就像泄了气的皮球，闷闷不乐地问："为什么呀？我还没去体验过呢！"

爸爸拍了拍小贝的头，说："昨天下午，游乐园里的充气城堡被突然来的一阵飓风吹得腾空而起，在城堡里玩耍的小朋友们都被掀翻在地，还有几个小朋友从高处坠落，因为摔得太重被送去医院了。现在全市的充气城堡都被强制关停了。"小贝听到爸爸说的话，想象自己从充气城堡上摔下来的样子，吓得鸡皮疙瘩都起来了。

充气城堡项目被关停了，但小朋友们摔伤的责任应该由谁来承担呢？

·相关法规·

《中华人民共和国民法典》

第一千一百九十八条 宾馆、商场、银行、车站、机场、体育场馆、娱乐场所等经营场所、公共场所的经营者、管理者或者群众性活动的组织者，未尽到安全保障义务，造成他人损害的，应当承担侵权责任。

因第三人的行为造成他人损害的，由第三人承担侵权责任；经营者、管理者或者组织者未尽到安全保障义务的，承担相应的补充责任。经营者、管理者或者组织者承担补充责任后，可以向第三人追偿。

结合法条做分析

在特定的服务场所，经营者、管理者或者群众性活动的组织者对消费者和群众的人身和财产安全负有保障义务，其中包括建筑结构安全、消防安全、电梯安全、设施安全、人员配备安全、服务管理安全、安保措施安全等方面。在这个事件中，由于提供充气城堡娱乐服务的商家没有尽到安全保障的义务，导致一些小朋友摔伤，应当承担相应的责任。

做知法守法的小公民

游乐园里的一些项目虽然很好玩儿、很刺激，但是也存在一定的风险。当我们在游乐园玩耍时，首先，一定要注意安全，尽可能避免意外发生；其次，要遵循工作人员的提示，以免出现因操作不当等而发生意外。如果在玩耍的过程中真的出现了意外，要尽可能地保护自己，把伤害尽量降到最低。同时，相关项目的经营者应该为我们的损失或受伤负责，做出相应的赔偿。

游客景区落水谁担责

兰兰最近十分苦恼，已经开学将近一周了，她的好朋友童童却一直没来上学。

周五下午，班主任给同学们开班会，十分严肃地再次对大家强调了出行安全，告诉同学们出门在外一定要注意安全，千万不要尝试危险的事情，每时每刻都要保护好自己。

这时，兰兰才知道童童暑假时遇到了意外——她在嬉水乐园玩儿“激流勇进”时，由于工作人员操作不当，且没有对她和爸爸妈妈进行详细、具体的指导，再加上童童的爸爸妈妈没有时刻注意童童的动向，童童不小心从船上掉到水里了。

虽然童童已经在暑假里学会了游泳，但是因为实践经验太少，情况发生得太突然，童童没能及时做出反应进行自救。所幸项目安全员及时发现童童落水并展开营救，这才使童童成功获救。但童童还需要在医院休养，暂时不能回学校和同学们一起上学。

童童在景区里落水的责任应由童童的家长承担，还是由嬉水乐园的经营者承担呢？

·相关法规·

《中华人民共和国民法典》

第一千一百九十八条 宾馆、商场、银行、车站、机场、体育场馆、娱乐场所等经营场所、公共场所的经营者、管理者或者群众性活动的组织者，未尽到安全保障义务，造成他人损害的，应当承担侵权责任。

因第三人的行为造成他人损害的，由第三人承担侵权责任；经营者、管理者或者组织者未尽到安全保障义务的，承担相应的补充责任。经营者、管理者或者组织者承担补充责任后，可以向第三人追偿。

结合法条做分析

正如上文中提到的，《中华人民共和国民法典》对经营场所的经营者和管理者的安全保障义务做出了具体的要求，以便更好地保护人们在各种场所的人身安全。同时，经营者对于可能出现的危险应当采取必要的安全防范措施，配备数量足够的、合格的安全保障人员。在这个故事中，由于景区内工作人员的工作失误，没有对童童及其父母进行详细、具体的操作引导，从而导致童童不慎落入水中，景区经营者应该对童童溺水承担相应的侵权责任，对其进行赔偿。

做知法守法的小公民

炎热的夏天，无论大人还是小孩都喜欢嬉水避暑。但是在游玩的过程中，我们一定要注意人身安全。一定不要擅自到不熟悉的地方玩耍，尤其是在有大浪的河边、海边这种极易发生意外的危险地带。出门在外，我们一定要在父母的视线范围内行动，玩耍时要注意景区内设置的警示牌，遵守规定，防止意外发生。一旦发生意外，不要拼命胡乱挣扎，尽可能保持镇静；要在自己能力范围内大声呼救，以便被援救。另外，在被救助的过程中一定要服从救助者的指挥，以便救助者和自己都能够成功上岸。此外，如果娱乐场所的经营者没有尽到安全保障义务，我们有权向其寻求赔偿。

而当我们发现有人在水中呼救时，要立刻打电话报警、联系医院，等待专业人员的救援，同时可以向周围的人大声呼救，以引起更多人的注意，从而能够更好地营救落水者，切记我们自己不能擅自下水营救，避免因方法不当、经验不足导致自己的生命安全受到威胁。

凭什么强制消费

在文文看来，跟爸爸妈妈一起旅游是一件令人激动的事情。可是，这次跟团旅游，她一点儿都没有体会到快乐。

文文怎么也没想到，之前旅行社承诺会去的许多景点居然变成了各种各样的购物场所，她想去的野生动物园、科技馆等都从计划的路线里消失了。而且，他们住的酒店也和旅行社当初宣传的大不相同，各方面的条件都非常差。导游也不像刚开始时那样和善，总是催促他们在指定的商店购买一些价格比市面上贵两三倍的东西。

刚开始旅行团里的人只是象征性地转转，购买物品的人寥寥无几。可是后来导游竟然说如果大家不在商店里购物就不能离开，不能去下一个地方。大家别无选择，只好按导游的要求购买了一些商品，抱怨着离开了。

导游原本说第三天可以按计划去游乐园玩儿一天，文文这才按捺住自己不耐烦的心思，决定在游乐园把前两天的遗憾都补回来。

可到了这一天，导游只把他们送到游乐园门口，并告知他们今天在游乐园玩儿的所有项目费用都要额外支付。这下，旅游团的叔叔阿姨都忍不住了，纷纷表示不解和愤怒，一个叔叔站出来问导游：“之前我们报名付钱的时候，旅行社跟我们保证，我们所缴的费用包括旅行中所有项目的费用，你们怎么能让我们再额外出钱呢？”

没想到导游蛮不讲理地说：“想去玩儿，你就交钱，

不想交钱就别玩儿！反正我们旅行社不会出这个钱。”

文文看着导游叔叔，开始思考：跟团旅游就意味着必须要被“宰”吗？应该怎么应对这种情况呢？

·相关法规·

《中华人民共和国旅游法》

第三十五条 旅行社不得以不合理的低价组织旅游活动，诱骗旅游者，并通过安排购物或者另行付费旅游项目获取回扣等不正当利益。

旅行社组织、接待旅游者，不得指定具体购物场所，不得安排另行付费旅游项目。但是，经双方协商一致或者旅游者要求，且不影响其他旅游者行程安排的除外。

发生违反前两款规定情形的，旅游者有权在旅游行程结束后三十日内，要求旅行社为其办理退货并先行垫付退货货款，或者退还另行付费旅游项目的费用。

第四十一条第二款 导游和领队应当严格执行旅游行程安排，不得擅自变更旅游行程或者中止服务活动，不得向旅游者索取小费，不得诱导、欺骗、强迫或者变相强迫旅游者购物或者参加另行付费旅游项目。

第九十二条　旅游者与旅游经营者发生纠纷，可以通过下列途径解决：

（一）双方协商；

（二）向消费者协会、旅游投诉受理机构或者有关调解组织申请调解；

（三）根据与旅游经营者达成的仲裁协议提请仲裁机构仲裁；

（四）向人民法院提起诉讼。

第九十三条　消费者协会、旅游投诉受理机构和有关调解组织在双方自愿的基础上，依法对旅游者与旅游经营者之间的纠纷进行调解。

《中华人民共和国刑法》

第二百二十六条　【强迫交易罪】以暴力、威胁手段，实施下列行为之一，情节严重的，处三年以下有期徒刑或者拘役，并处或者单处罚金；情节特别严重的，处三年以上七年以下有期徒刑，并处罚金：

（一）强买强卖商品的；

（二）强迫他人提供或者接受服务的；

……

结合法条做分析

《中华人民共和国旅游法》是为了保障旅游者和旅游经营者的合法权益，规范旅游市场秩序，保护和合理利用旅游资源，促进旅游业持续健康发展而制定的。在这个故事当中，旅行社擅自改变事先约定的旅游路线，强制游客到特定的商店购物，安排另行付费的旅游项目的行为都触犯了《中华人民共和国旅游法》，游客有理由在旅行结束后三十日内要求旅行社退款。另外，根据《中华人民共和国刑法》规定，强迫他人接受相应服务，情节严重的，很可能被判刑并被罚款。旅游者可以通过报警或者拨打 12315 消费者投诉举报专线电话等方式，依法合理维护自己的权益，确保出行安全、人身安全和财产安全。

做知法守法的小公民

跟团旅游是一种比较省心、实惠的旅游方式，旅行社会为我们规划较为合理的出行路线，并且我们可能会遇到有趣的同行的人。但是，如果我们遇到旅行社强制消费、改变行程或在约定之外要求另外付款的无理行为，可以选择与旅行社负责人进行协商，或者拨打 12315 消费者投诉举报专线电话进行投诉或举报。情况严重的话，还可以向当地的公安机关报案。总之，生活中点点滴滴都长见识，我们要懂得分辨不合法的做法，懂得拿起法律的武器维护自己的合法权益，向被“宰”说不！

第五部分

网络生活依法律

被泄露的个人信息

小雪今年十三周岁，正在上七年级。她不仅学习很好，还很爱帮助别人，同学们都很喜欢她。小雪平时特别喜欢拍照，她愿意记录下生活里发生的一切小美好。她经常在自己的 QQ 空间和微信朋友圈分享她的日常生活，美食、自拍、与好朋友出游……她还经常在某网络社交平台分享自己的照片，收获了不少粉丝。

可是最近小雪总是闷闷不乐，分享的内容也少了很多。周五下午放学后值日时，几个同学围在小雪身边，问她是不是发生了什么事情让她不开心了。

“唉，我最近发现我的照片被搬运到其他网站和平台上了，真烦人。”小雪苦恼地说。

“被搬运？”大家有些不理解。

“我平时大多把照片传到 QQ 空间和微信朋友圈等。

这几天我上网时发现，在一些网络平台上有我发在几个固定社交平台上的照片，而且还有人会针对照片发表一些很不好的评论，甚至有人通过照片知道了学校、我家的住址等信息。我最近还收到很多莫名其妙的短信和垃圾广告，感觉我的生活都被打乱了。我现在每天都在担心会不会有奇怪的人来学校或我家找我。”小雪说话时显得很焦虑。

听完小雪的话，大家觉得应该是小雪平时分享的内容和照片泄露了她的个人信息，让网络上一些别有用心的人动起了歪心思。

小雪应该怎么做，才能让自己的生活重归美好和平静而不是饱受困扰呢？

·相关法规·

《中华人民共和国个人信息保护法》

第二条　自然人的个人信息受法律保护，任何组织、个人不得侵害自然人的个人信息权益。

第三十一条　个人信息处理者处理不满十四周岁未成年人个人信息的，应当取得未成年人的父母或者其他监护人的同意。

《中华人民共和国未成年人保护法》

第七十二条　信息处理者通过网络处理未成年人个人信息的，应当遵循合法、正当和必要的原则。处理不满十四周岁未成年人个人信息的，应当征得未成年人的父母或者其他监护人同意，但法律、行政法规另有规定的除外。

未成年人、父母或者其他监护人要求信息处理者更正、删除未成年人个人信息的，信息处理者应当及时采取措施予以更正、删除，但法律、行政法规另有规定的除外。

第七十三条　网络服务提供者发现未成年人通过网络发布私密信息的，应当及时提示，并采取必要的保护措施。

《中华人民共和国民法典》

第一千零一十八条　自然人享有肖像权，有权依法制作、使用、公开或者许可他人使用自己的肖像。

第一千零一十九条　任何组织或者个人……未经肖像权人同意，不得制作、使用、公开肖像权人的肖像，但是法律另有规定的除外。

结合法条做分析

随着现代通信技术和互联网技术的快速发展，公民的个人信息在通过网络传播时极易泄露，有时甚至被不法分子窃取，用以实施电信网络诈骗等关联犯罪，严重威胁公民人身安全、财产安全和社会管理秩序。打击利用互联网出售、提供、非法获取公民个人信息等侵犯公民个人信息犯罪，需要每一个公民提高自我保护意识。国家出台了《中华人民共和国个人信息保护法》，国家互联网信息办公室（简称网信办）再次向社会公开征求对于《未成年人网络保护条例》的意见，这些都体现出互联网时代国家对公民，尤其是未成年人的个人信息保护的重视。

而未成年人在使用网络时要注意保护自己的信息。一旦出现个人信息泄露的情况，要在第一时间告诉家长或老师，寻求有效帮助。

小雪上传到社交网络平台的个人信息和照片是受法律保护的，任何组织和个人都不得侵害小雪的个人信息。小雪作为不满十四周岁的未成年人，网络平台处理其信息时，应当取得小雪父母或者其他监护人的同意。且网络平台应当对小雪发布在该平台上的信息进行审核，如果小雪无意间发布了私密信息，平台应当及时提醒小雪。因此，当小雪面临个人信息被侵害的困扰时，可以寻求法律保护。小雪要第一时间告诉爸爸妈妈自己的个人信息在社交网络平台上遭到了泄露，爸爸妈妈可以联系该社交网络平台，要求其删除小雪的照片和信息，以保护小雪。

做知法守法的小公民

我们上网时，要有强烈的自我保护意识，要有判断该网站或者软件是否可靠的意识，不随意点击、浏览不被信任的网页。当该网站或软件要求我们提交个人信息时，我们要征得爸爸妈妈的同意，不能轻易泄露自己的个人信息。同时，我们也要文明上网，尊重他人的隐私，不搬运他人的照片、视频和信息等，不转发来源不明的信息。

被“盗名”的文章

别看康康年纪小，他已经是小区里远近闻名的“小作家”了。康康从小就喜欢看课外书，爸爸妈妈带他去书店或图书馆时，他经常安安静静地捧着书，一看就是大半天。现在的他，除了热爱阅读，还爱上了写作，在学习之余，还会创作一些诗歌和短文。他的爸爸妈妈常常把他的一些作品分享到网络上，有一些作品还被出版社选入书中出版了。

在写作这方面，康康算得上是小伙伴们的小老师。每周六，住在近处的小伙伴们喜欢去找康康，分享自己最近看过的有意思的书，交流阅读感受。康康也会和小伙伴们分享自己的写作心得。

这天，大家正在电脑上浏览某网站的一些文章，突然，康康发现其中的一篇文章跟他曾经上传到博客里的某

篇文章一模一样，甚至连标点符号都丝毫不差，只是，在这个网站上，康康的作品被署上了别人的名字。

康康的作品被别人盗用发表了，这是怎么回事儿呢？康康该怎么办呢？大家看着电脑上署着别人名字的文章，有些茫然。

·相关法规·

《中华人民共和国著作权法》

第二条 中国公民、法人或者非法人组织的作品，不论是否发表，依照本法享有著作权。

……

第三条　本法所称的作品，是指文学、艺术和科学领域内具有独创性并能以一定形式表现的智力成果，包括：

（一）文字作品；

……

第十条　著作权包括下列人身权和财产权：

（一）发表权，即决定作品是否公之于众的权利；

（二）署名权，即表明作者身份，在作品上署名的权利；

（三）修改权，即修改或者授权他人修改作品的权利；

……

（十七）应当由著作权人享有的其他权利。

第二十二条　作者的署名权、修改权、保护作品完整权的保护期不受限制。

第五十二条　有下列侵权行为的，应当根据情况，承担停止侵害、消除影响、赔礼道歉、赔偿损失等民事责任：

（一）未经著作权人许可，发表其作品的；

……

（三）没有参加创作，为谋取个人名利，在他人作品上署名的；

……

（五）剽窃他人作品的；

（六）未经著作权人许可，以展览、摄制视听作品的方法使用作品，或者以改编、翻译、注释等方式使用作品的，本法另有规定的除外；

（七）使用他人作品，应当支付报酬而未支付的；

……

（十一）其他侵犯著作权以及与著作权有关的权利的行为。

结合法条做分析

根据《中华人民共和国著作权法》的相关规定可知，我国对在文学、艺术和科学领域内具有独创性并能以一定形式表现的智力成果予以法律保护，公民的作品不论是否发表，依照本法都享有著作权。

虽然康康的年纪小，但是他写的文章承载着他自己与众不同的想法和表达，是他独立创造出的智力成果，因此，无论康康的作品是否发表，都受到《中华人民共和国著作权法》的保护，理应享有法律所赋予的署名权和发表权。

在看到网络上有人抄袭、复制自己的作品并署他人之名发表时，康康可以先把事情的经过告诉爸爸妈妈，由爸爸妈妈帮忙联系发表作品的平台，再通过平台有关的维权途径，联系到侵权方。首先，与对方进行协商，要求对方立刻删除网上的盗名文章，还可要求对方在公众平台做出解释说明，消除这件事对康康的不利影响；其次，可要求对方对康康进行赔礼道歉；最后，在必要的情况下，盗用者应承担康康的损失费用，对康康进行赔偿。

做知法守法的小公民

我们对于自己的作品，要注意保护自己的著作权，当发现出现抄袭、“盗名”等行为时，要敢于举报、敢于维权，不助长不良风气。同时，我们平时要注意自己的行为规范，在自己的作品中合理引用他人作品时，要备注出处；要尊重他人智力劳动成果，不剽窃、不抄袭、不盗用。

没有约束的微信群

上周，班级里发生了一起“互联网吵架”风波，事情的经过是这样的。

学校要组织男子篮球赛，全班同学都兴高采烈地开始为篮球赛做准备。男生们积极踊跃地报名，组建班级篮球队，女生们为成立啦啦队和后援团忙得热火朝天。但令人意外的是，一向擅长打篮球的乐乐却一直没有参与其中。

小海是班里的体育委员，一直是个急性子，眼看要到下周一报名截止的时间了，小海实在是忍不住，趁着周末可以用手机时，在班级群里给乐乐发微信。

“乐乐，你篮球打得最好，为啥不参加比赛？大家都很期待你为班级争光呢！”

“乐乐，你参加呗，反正你平时也喜欢打篮球，这也不耽误啥，顺手的事儿！”

“乐乐，你倒是说句话啊，不参加也得给大家一个理由吧！”

小海在群里连发几条信息，可乐乐一条也没回复。于是，小海开始着急起来，在群里说话也逐渐没了分寸。

“乐乐，你是不是男子汉？我看你就是在当逃兵！”

“乐乐你真没有勇气，只敢平时跟班里的同学比试，不敢代表班级去和其他班较量，你就是个胆小鬼！”

“乐乐你胳膊肘往外拐！你上场咱就能赢冠军，你不上场是不是帮着别的班夺冠呢！你就是我们班的叛徒！”

说到最后，小海连最近看的电视剧里的台词都用上了，可乐乐却一直没有回复。群里其他看到信息的同学，在小海的声声“指责”中，也逐渐对乐乐有些不满。

周一到了学校，乐乐发现同学们都不太跟他说话，对他的态度有些冷冰冰的，他有些纳闷儿到底发生了什么事儿。经过好朋友的提醒，他才知道了周末发生的事情。

其实，乐乐并非故意不回小海的微信，而是他周末去了乡下看望爷爷奶奶，没有登录微信；他之所以不参加篮球赛，是因为之前在课外篮球训练中受了伤，虽然平日里看着并无大碍，但是医生建议短期内不要做剧烈运动，乐乐怕同学们说他装病，一直没想好怎么告诉大家。

虽然小海的言论出于为班级争光的好意，但是在没有弄清楚事情的真相前，平白无故地对同学冷嘲热讽，这种行为真的对吗？以后小海还可以像这样肆无忌惮地随心发言吗？对于小海的行为，应该提醒他注意些什么呢？

· 相关法规 ·

《中华人民共和国民法典》

第一百一十条 自然人享有生命权、身体权、健康权、姓名权、肖像权、名誉权、荣誉权、隐私权、婚姻自主权等权利。

第一千零二十四条 民事主体享有名誉权。任何组织或者个人不得以侮辱、诽谤等方式侵害他人的名誉权。

名誉是对民事主体的品德、声望、才能、信用等的社会评价。

第一百七十九条 承担民事责任的方式主要有：

（一）停止侵害；

……

（八）赔偿损失；

……

（十）消除影响、恢复名誉；

（十一）赔礼道歉。

法律规定惩罚性赔偿的，依照其规定。

本条规定的承担民事责任的方式，可以单独适用，也可以合并适用。

结合法条做分析

根据《中华人民共和国民法典》的规定可知，名誉是对民事主体的品德、声望、才能、信用等的社会评价，自然人依法享有名誉权，任何组织或者个人不得以侮辱、诽谤等方式侵害他人名誉权。在这个故事里，小海在微信群里没有了解清楚实际情况就嘲讽乐乐是“胆小鬼”“叛徒”的行为，其实是侵犯乐乐名誉权的表现。

随着互联网的发展，人们表达言论的途径更多样，也更便捷，但网络侵权行为也更容易发生。一些人在微信公众号、微博、网络直播等平台发布贬损他人的言论时，认为可以“畅所欲言”，可以逃避法律的追究。但互联网并非法外之地，任何侵害他人合法权益的行为都将受到法律制裁。

小海通过这次的经历，应该积极吸取教训，严格约束自己的言行，“急性子”和“为班级荣誉着想”并不是逃脱责任的借口。根据《中华人民共和国民法典》规定的几种承担民事责任的方式，小海应当停止对乐乐发表不当言论，并积极消除自己在微信群里诋毁乐乐所造成的恶劣影响，帮助乐乐恢复在班级的名誉，并且要对乐乐赔礼道歉。

做知法守法的小公民

我们在日常生活中，一定要严格约束自己的言行，不论是在现实生活中还是在网络世界里，都要尊重他人，学会体谅，学会宽容，不随意指责他人，更不能对他人进行侮辱或谩骂。同时，当我们受到他人的不善言行对待时，也要告知对方此行为可能会带来的后果和需要承担的责任，要善于学会用法律保护自己的合法权益。

转发不良图片的后果

炎炎最近新交了几个校外的朋友，这几个朋友的年龄比炎炎大，他们平时穿着时髦的衣服，染着颜色鲜艳的头发，还会经常出入游戏厅。

他们认识炎炎后，经常带着炎炎去游戏厅打游戏，还建了一个 QQ 群，会在群里分享一些炎炎以前从来不知道的新鲜玩意儿。

这天，群里的一个大孩子发了几张含有暴力恐怖内容的图片和一段血腥的视频，还说："这也太帅了！咱哥几个改天也试试！"

群里的其他大孩子看到后，也开始在群里转发起类似的图片和视频来，甚至还有人把自己的头像换成可怕的图片，号称自己要成为让世界上的人都害怕的人。

炎炎突然想起来，爸爸曾经告诉过他，危害公共安全、引发恐慌的信息是不可以随便发的。看着群里的那些暴力的、恐怖的图片，还有他们说的那些听上去令人害怕的想法，炎炎不禁开始思考：这些行为是正确的吗？

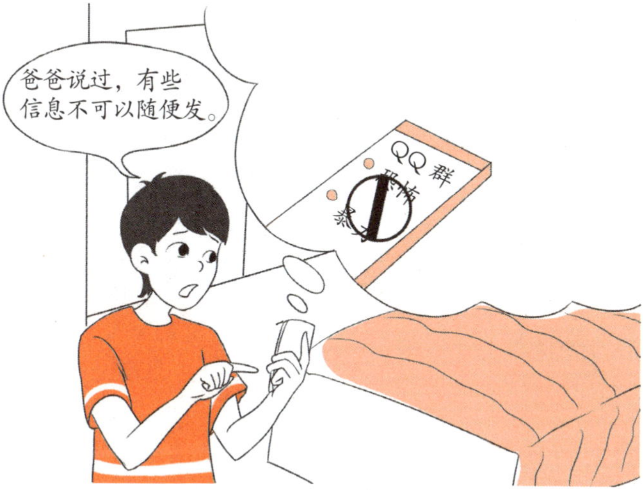

·相关法规·

《中华人民共和国治安管理处罚法》

第二条 扰乱公共秩序，妨害公共安全，侵犯人身权利、财产权利，妨害社会管理，具有社会危害性，依照《中华人民共和国刑法》的规定构成犯罪的，依法追究刑事责任；尚不够刑事处罚的，由公安机关依照本法给予治安管理处罚。

《中华人民共和国网络安全法》

第十二条第二款 任何个人和组织使用网络应当遵守宪法法律，遵守公共秩序，尊重社会公德，不得危害网络安全，不得利用网络从事危害国家安全、荣誉和利益，煽动颠覆国家政权、推翻社会主义制度，煽动分裂国家、破坏国家统一，宣扬恐怖主义、极端主义，宣扬民族仇恨、民族歧视，传播暴力、淫秽色情信息，编造、传播虚假信息扰乱经济秩序和社会秩序，以及侵害他人名誉、隐私、知识产权和其他合法权益等活动。

结合法条做分析

在这个故事中，几个大孩子在群聊时传播恐怖、暴力的图片和视频，涉嫌触犯《中华人民共和国治安管理处罚法》《中华人民共和国网络安全法》等法律规定，不仅对他们的身心造成严重危害，还可能对社会稳定造成恶劣影响，严重时是会被依法追究法律责任的。

网络具有很强的传播力，其传播范围也极为广泛，在网上传播暴恐音视频会造成极其恶劣的社会影响，这是公安机关重拳打击的犯罪行为。对该类行为进行打击是切实维护良好社会治安秩序的需要。依法依规文明上网是网民的责任，未成年人的心智尚未成熟，有时不能明辨是非。为了耍酷、博眼球和猎奇而转发不良信息、发表不当言论的做法是非常错误的做法。

炎炎想的没错，就是像爸爸告诉过他的那样，那几个大孩子在群里发的那些图片和视频、说的那些话，都可能引起恐慌，扰乱社会秩序，不可以当玩笑发出来。炎炎为了自己的安全，应该及时退群，并把相关情况告诉家长。

做知法守法的小公民

我们平时上网聊天时，首先，要做到自己绝不制造和传播暴力、恐怖等信息，也不制造和传播虚假谣言；其次，发现有相关不良、有害信息在社交平台传播时，可以寻求家长和老师的帮助，也可以向相关部门或单位举报，以维护国家安全与社会稳定。

被丑化的英雄

可心从课堂学习中了解了雷锋的事迹，了解了雷锋精神：干一行爱一行，立足岗位、艰苦奋斗的螺丝钉精神；舍己为人、助人为乐的精神等。可心和同学们都觉得这样的精神值得每一个人尊重和学习。

但是可心最近遇到了一件令她烦恼的事情。快到3月5日学雷锋日了，朋友圈陆续有人转发学习雷锋精神的文章。但某一天，可心在微信朋友圈看到一位叔叔写道：“雷锋，做好事不留名，却把好事写在日记里，说着为人民服务，其实……”可心看到这个叔叔的朋友圈下面，还有几个人跟着附和，说一些不尊重历史、不尊重英雄的话语，于是她在叔叔的朋友圈留言反驳道：“叔叔，你说得不对，雷锋为人民服务就值得被我们尊敬。”

叔叔不但没有因为可心的话语意识到自己行为不当，

反而在朋友圈的留言中“教育”起可心来，说“可心学习学傻了，分不清是非了”。

可心很无奈，该怎样制止叔叔这种不尊重英雄的行为呢？叔叔发表这样的言论，又该承担怎样的后果呢？

· 相关法规 ·

《中华人民共和国刑法》

第二百九十九条之一【侵害英雄烈士名誉、荣誉罪】侮辱、诽谤或者以其他方式侵害英雄烈士的名誉、荣誉，损害社会公共利益，情节严重的，处三年以下有期徒刑、拘役、管制或者剥夺政治权利。

结合法条做分析

英烈不容诋毁、法律不容挑衅。利用网络贬低、嘲讽英雄烈士，侵害英雄烈士的名誉、荣誉，不仅是对历史的不尊敬、对英雄烈士的不尊敬，更是在社会中造成恶劣影响。

在这个故事中，这位叔叔在朋友圈公然曲解雷锋的言行，不尊敬英雄的行为，违反了《中华人民共和国刑法》第二百九十九条的规定，侵害了雷锋的名誉和荣誉，给社会公共利益造成了不利影响，是会被法律追究责任的，应当受到处罚。

做知法守法的小公民

英雄是一个民族宝贵的精神财富，我们对中华民族的英雄要心怀崇敬，要浓墨重彩地记录英雄、塑造英雄，让英雄的事迹在文艺作品中得到传扬。我们还要树立正确的历史观、民族观、国家观、文化观，绝不做亵渎祖先、亵渎经典、亵渎英雄的事情。我们不能听信别有用心的人侮辱和诽谤英雄。对英雄“污名化”不仅是对历史的不尊重，更是违法行为，是会受到法律制裁的。我们要共同抵制贬低、嘲讽英雄的不良行为。

朋友圈卖的美瞳

天琦发现最近表姐的眼睛变得和以前不一样了，表姐的黑眼球有时是粉色的，有时又变成蓝色，看着很像动漫里的人物。

天琦忍不住问表姐：“表姐，你的眼球为什么会像动漫里的人物那样变换颜色啊？”

“因为我戴了美瞳呀！”

“美瞳？”

“美瞳就是类似于隐形眼镜的东西，它有很多颜色，大小也各不相同，戴上之后能让眼睛看起来很梦幻！”表姐兴奋地解释道。

“那是不是必须去眼镜店买啊？”天琦听完表姐说的话，有些心动地问。

“我朋友圈有好几个卖美瞳的，直接找他们买就行，价格很便宜！”表姐热心地给天琦推荐。

“我记得在电视上一个普法栏目中看到，美瞳这类产品属于医疗器械，并不是普通商品，能在朋友圈随便卖、随便买吗？”天琦的妈妈听到她们姐俩的对话，提出了疑问。

天琦的妈妈一直教导天琦，买东西要通过正规渠道购买，这样才能保证产品的质量，才能确保使用安全。

买美瞳这类产品时，能像表姐一样图省事儿和便宜，去找朋友圈的代购买吗？

·相关法规·

《中华人民共和国刑法》

第二百二十五条 【非法经营罪】违反国家规定，有下列非法经营行为之一，扰乱市场秩序，情节严重的，处五年以下有期徒刑或者拘役，并处或者单处违法所得一倍以上五倍以下罚金；情节特别严重的，处五年以上有期徒刑，并处违法所得一倍以上五倍以下罚金或者没收财产：

（一）未经许可经营法律、行政法规规定的专营、专卖物品或者其他限制买卖的物品的；

……

（四）其他严重扰乱市场秩序的非法经营行为。

结合法条做分析

在生活中，我们切不可为了追求方便、省钱，就在非正规销售渠道、场所购买某类产品，这是对自己健康和生命安全不负责任的表现。

故事中，天琦的表姐所戴的美瞳，对照现行的《医疗器械分类规则》及其相关附件，被划入第三类医疗器械监管范畴，实行经营许可证管理。如果有人在朋友圈里擅自经营、销售不合格或未经审批的这类产品，是对消费者权益的侵害，犯了非法经营罪。天琦应当劝说表姐，不可以拿自己的健康当儿戏，切忌因贪图便宜而留下安全隐患。

做知法守法的小公民

我们在平时的生活中，一定要对自己的生命健康负责，擦亮眼睛，注意产品安全，像美瞳、隐形眼镜以及相关护理产品都属于医疗器械，我们必须通过正规渠道购买。除此之外，我们还应当从身边做起，监督身边的亲朋好友，合规经营产品，为他人的生命健康负责。

网络游戏上瘾

最近，凯凯和班里的几个同学都喜欢玩儿一款电脑游戏。他们经常上课传小纸条聊游戏，下课凑在一起接着聊，等放学铃声一响，几个人拎着书包就去学校对面巷子里的网吧玩儿。

一开始，他们谎称放学后有兴趣学习小组，但渐渐地，随着他们回家的时间越来越晚，在学校的表现也越来越差，成绩不断下滑，还经常向家人要零花钱说是购买学习资料。家长和老师开始注意到他们的问题——发现他们几个已经沉迷网络游戏，还将索要的零花钱都为游戏充值了。

这天，凯凯的爸爸妈妈在饭桌上十分严肃地告诉凯凯，如果他再不端正态度，他们就会考虑把他送去专门戒网瘾的学校，听说那里的老师管得特别严，孩子戒除网瘾的效果特别明显。

凯凯听完之后很害怕，他告诉爸爸妈妈，自己知道了沉迷游戏是不对的，更不应该说谎。他也想回到原本正常的生活、学习轨道上，他一点儿也不想去爸爸妈妈说的那所专门帮孩子戒网瘾的学校。他曾听说，那种学校会把人关在小黑屋里，如果不乖乖听话的话，不仅没有饭吃，还会被电棍打。

凯凯的爸爸妈妈一边迫切地想要帮凯凯尽快走上正轨，一边又担心这样的学校会伤害凯凯，但是又转念一想：严师出高徒，说不定这种严格管理真的能让凯凯转变……

那么，该做出什么样的选择呢？

·相关法规·

《中华人民共和国未成年人保护法》

第五十四条　禁止拐卖、绑架、虐待、非法收养未成年人，禁止对未成年人实施性侵害、性骚扰。

《中华人民共和国刑法》

第二百三十八条 【非法拘禁罪】非法拘禁他人或者以其他方法非法剥夺他人人身自由的，处三年以下有期徒刑、拘役、管制或者剥夺政治权利。具有殴打、侮辱情节的，从重处罚。

犯前款罪，致人重伤的，处三年以上十年以下有期徒刑；致人死亡的，处十年以上有期徒刑。使用暴力致人伤残、死亡的，依照本法第二百三十四条、第二百三十二条的规定定罪处罚。

……

第二百六十条之一 对未成年人、老年人、患病的人、残疾人等负有监护、看护职责的人虐待被监护、看护的人，情节恶劣的，处三年以下有期徒刑或者拘役。

单位犯前款罪的，对单位判处罚金，并对其直接负责的主管人员和其他直接责任人员，依照前款规定处罚。

有第一款行为，同时构成其他犯罪的，依照处罚较重的规定定罪处罚。

结合法条做分析

凯凯提到的把孩子关进小黑屋里，通过电击、克扣饮食等手段强制孩子戒除网瘾的学校，学校的某些行为已经不再是单纯地配合家长帮助游戏成瘾的孩子走出歧途，而是对未成年人的人身安全构成侵犯。这些行为已经涉及虐待未成年人，情节严重的甚至可能构成《中华人民共和国刑法》规定的非法拘禁罪。凯凯可以主动向父母承认自己的错误，和父母一起，合理规划上网时间，科学上网，争取早日戒除网瘾。

做知法守法的小公民

网络是把双刃剑，既给我们提供丰富多彩的资讯和信息交流平台，也充斥着很多妨碍我们健康成长的不良信息。我们的辨别能力还不强，应该在家长的监督、管理下合理使用网络、适度玩儿网络游戏，拥有其他健康的爱好，避免对网络游戏等沉迷上瘾。如不慎患上网瘾，也应该及时向家长和老师寻求帮助。如确实有必要可在家长的陪同下，在正规机构，用科学的方法戒除网瘾，决不能轻易去社会上所谓的“戒网瘾学校”，且对“戒网瘾学校”的举动听之任之，否则，我们可能受到另一种伤害。

“天价”网贷

14 周岁的逸明是个初中生，他最近看上了一双篮球鞋，非常想买下来。可是上个月妈妈刚给他买了一双运动鞋，而且他看上的这双鞋几千块钱，妈妈肯定不会答应他的这个要求。虽然有些不甘心，但逸明渐渐打消了这个念头。

可是在昨天的体育课上，逸明看到隔壁班的小辉穿着他梦寐以求的那双鞋后，一下子就不淡定了：为什么他可以拥有这双鞋而我却只能看着呢？逸明很不服气。

下午放学的路上，逸明正绞尽脑汁地想怎么获得买鞋的钱时，他无意中瞥到了贴在墙上的一个小广告，上面写着“学生网络贷款请拨打电话 ×××××××××××”，他想这可能是个好方法。

逸明拨通了小广告上写的电话，接电话的人表示非常理解他的想法，和他一样的同学有很多，大家都通过贷款实现了自己的愿望，买到了自己想要的东西。接电话的人还劝他及时享乐，要学会善待自己，享受生活。

逸明心动极了，但他也听新闻说过，有的人借网贷后还不上钱，被人找上门威胁、恐吓甚至殴打，而且，他也知道，贷款意味着需要连本带息地还款，那自己到底能不能还得起呢？

·相关法规·

《中华人民共和国民法典》

第十七条 十八周岁以上的自然人为成年人。不满十八周岁的自然人为未成年人。

第十九条 八周岁以上的未成年人为限制民事行为能力人，实施民事法律行为由其法定代理人代理或者经其法定代理人同意、追认；但是，可以独立实施纯获利益的民事法律行为或者与其年龄、智力相适应的民事法律行为。

结合法条做分析

逸明未满十八周岁，按照我国法律规定属于未成年人，在民事行为能力上属于限制民事行为能力人，他实施民事法律行为应当由其法定代理人代理或者经其法定代理人同意、追认。逸明这个年龄的孩子，辨别是非以及解决问题的能力相对较弱，而且不具备独立且完全的民事行为能力，不能单独进行网络借贷等这类民事法律行为，而必须通过其监护人的同意。逸明可以跟妈妈说清楚自己的心愿，比如，是否可以通过一些家庭内的奖励机制正当、安全地获得自己想要的物品。另外，他应该树立正确的消费观念，做到理性消费，不要被攀比和从众的消费心理裹挟，从而走上背负“天价”贷款的道路。

做知法守法的小公民

在现实生活中我们要树立正确的消费观：量入为出，适度消费；避免盲从，理性消费；保护环境，绿色消费；勤俭节约，艰苦奋斗。我们如果有什么特别的需求和愿望需要花钱时，决不能轻信某些贷款广告，以免上当受骗。我们平时有一些与物质有关的需求和愿望时，要主动与家长沟通，在家长知情、同意的情况下，利用适合自己成长、适合家庭客观情况的方式，实现自己合理的需求和愿望。

弹窗广告称“可赚钱”

暑假，小杰在家里玩儿手机的时候，一条视频里弹出广告：闲暇时间每天赚点儿零花钱，欢迎进群详聊。

小杰想：反正自己暑假在家闲着也是闲着，不如扫描二维码，进群了解一下这个活动，万一是真的，还能给自己赚点儿零花钱，于是他就抱着试试看的态度进了群。

进群之后，群管理员私信小杰，让他再下载一个 APP（应用软件），他们的活动需要借助这个 APP 进行。小杰在 APP 上注册完一系列信息后，管理员告诉他，他需要绑定银行卡，这样才能方便提现。小杰绑定银行卡后，对方又说需要启动提现资金，不然凑不够提现最低额度。小杰又往 APP 充了 200 元钱。

可是，当小杰充完钱之后，管理员突然就不在线了，怎么联系也联系不上，小杰这才反应过来，广告弹窗里所说的“赚点儿零花钱”，其实是骗钱的幌子。

小杰的200元钱打了水漂，他真是悔不当初。他该怎么办呢？

·相关法规·

《中华人民共和国治安管理处罚法》

第四十九条 盗窃、诈骗、哄抢、抢夺、敲诈勒索或者故意损毁公私财物的，处五日以上十日以下拘留，可以并处五百元以下罚款；情节较重的，处十日以上十五日以下拘留，可以并处一千元以下罚款。

结合法条做分析

电信诈骗等犯罪行为严重侵犯群众的财产安全和其他合法权益，严重干扰正常的网络秩序，严重破坏社会诚信，严重影响社会和谐稳定，实属一大社会公害。在这个故事中，小杰遇到的广告弹窗其实是新型诈骗手段之一。犯罪分子利用人们贪小便宜或急于挣钱的心理，精心设计骗局，手段隐蔽、花样翻新，具有很强的欺骗性、迷惑性，导致人们防不胜防。我国高度重视打击和防范电信诈骗等违法犯罪活动，深入开展打击治理专项行动。小杰遇到这种情况，应告知家长并报警，协助公安机关打击网络诈骗犯罪。

做知法守法的小公民

我们在日常生活中要提高自己的甄别能力，提高对电信诈骗的防范意识，谨记公安部提醒的“三不一多”原则——“未知链接不点击、陌生来电不轻信、个人信息不透露、转账汇款多核实”，切实守好自己的“钱袋子”，不掉进网络诈骗的陷阱里。

打赏主播的巨款

小瑞是一名十三周岁的在校初中生，他平时特别喜欢玩儿游戏，闲暇时还经常看游戏直播。暑假时，小瑞瞒着父母，下载了一款网络直播 APP。只要有游戏直播，小瑞就守在手机屏幕前，从不缺席。

他还通过微信支付在 APP 上给自己喜欢的游戏主播打赏，为主播送花、送火箭甚至送游艇，还给主播充钱买虚拟币，一度成为他喜欢的主播的“榜一大哥”，这也让主播记住了他的 ID。小瑞对此十分引以为傲，仿佛自己与喜欢的主播之间的关系也在慢慢拉近，他们不再单单是粉丝和主播的关系，还有了更多与其他人不同的联系。

暑假快要结束时，小瑞的爸爸妈妈看到银行的还款提示短信时，才发现小瑞已经陆陆续续给这个游戏主播打赏了好几万元。

小瑞意识到自己闯下了大祸，急得哭了出来，他该怎么办呢？

·相关法规·

《中华人民共和国民法典》

第十七条 十八周岁以上的自然人为成年人。不满十八周岁的自然人为未成年人。

第十九条 八周岁以上的未成年人为限制民事行为能力人，实施民事法律行为由其法定代理人代理或者经其法定代理人同意、追认；但是，可以独立实施纯获利益的民事法律行为或者与其年龄、智力相适应的民事法律行为。

结合法条做分析

家庭、社会和司法部门充分考虑到未成年人合法权益的保护，在处理此类案件时，会依照《中华人民共和国民法典》《中华人民共和国未成年人保护法》和相关司法解释和案例，最大限度地依法保障未成年人的合法权益。

在这个故事里，小瑞是未成年人，属于限制民事行为能力人，他未经其监护人（父母）同意，参与网络付费游戏时或者在网络直播平台以“打赏”等方式支出与其年龄、智力不相适应的款项，小瑞的父母（监护人）有权请求网络服务提供者返还该款项。因此，小瑞的父母可以联系相关直播平台，与平台进行协商调解，追回小瑞不理智、不成熟的打赏。

未成年人的法治教育工作关乎每一个家庭，也离不开家庭教育，监护人要关心未成年人的成长，对未成年人加强法治教育，使未成年人自己能够拥有自我保护的意识，做到知法、懂法、会用法。小瑞的爸爸妈妈也应当加强对小瑞的教育，帮助他树立正确的价值观、消费观。

做知法守法的小公民

我国网络直播产业目前发展迅速，且网络世界纷繁复杂。而未成年人的心智发展尚未成熟，辨认能力和自我控制能力较弱，三观也尚未完全形成，所以高额打赏主播的事件时有发生，给家庭和社会造成了不良影响。因此，我们在日常生活中要合理分辨自己的行为，不做超出行为控制能力之外的事情；我们更要积极学习科学文化知识，培养良好的兴趣爱好，充分利用好自己的时间，安排好自己的生活，树立正确的价值观。